心理臨床と「居場所」

中藤信哉

創元社

まえがき

本書は、「居場所」という現象、そして、私という主体が「いる」ということについて、心理臨床学の視座から論じるものである。

私が「いる」ということ。これは何の変哲もない事実のように思われる。例えば、私が今自室という場所にいること、これは事実であり、私は、この世界に確かに存在しているようである。したがって、もし「居場所」を文字どおりその人が「いる場所」として捉えるのなら、それは改めて論じるまでもないものである。自分が今位置を占めている、物理的空間における特定の座標、それが居場所である。

けれども、今日、「居場所」という言葉で意味されるものは、上述した範囲にとどまらない。日常の文脈において、また臨床実践の場においてもしばしば語られる「居場所がない」という表現が、端的にそれを示している。上述した意味において居場所を捉えるならば、自分の身体の所在が居場所なのであり、「居場所がない」などということは自分が生きている限り、原理的にありえないことになる。けれども、私たちはしばしば、日常の様々な場面で「居場所がない」と言う。

例えば、新たに集団に所属して、自分以外の成員が自分には分からない話題で盛り上がっており、自分はそこに参加できず強い疎外感を覚えるときに、「居場所がない」と感じることもあろう。組織の中で自分の役割だったものが、別の人に渡り、自分には何の役割もなくなったとき、「居場所がなくなった」と感じることもあるかもしれない。あるいは、学校で、クラスになじむことができず、かろうじて別室に登校できるような生徒が「クラスには居場所がない」と言うこともあろう。両親が不仲で、自分にもほとんど関心を向けられていない子どもが、「家には居場所がない」と言うかもしれない。自らの生に深く絶望したとき、「この世界のどこにも居場所がない」と感じるかもしれない。

こうした例を考えたとき、「居場所がない」とは、あるいはその逆に、「居場所がある」とは、一体どのようなことなのだろうか。さらに言えば、私が「いる」

ということ、それが、単に身体が空間の内にあるということにとどまらない射程をもつ現象なのだとすれば、それはいかなる事態なのだろうか。そしてまた、「居場所がない」人の心的苦痛はいかなるものであり、その心的苦痛に対してどのようなアプローチがなされるべきなのだろうか。こうしたことが、本書の問題意識の根幹にある。

本書の内容を先取りすることになるが、「居場所」とは、もとは冒頭に述べたように、その人の所在地を表す言葉だった。だから、身体の所在や、居住地を表すくらいの意味しかもたなかった。つまり、今日のような「居場所」の言葉の用いられ方は、日本において、歴史的に形成されてきたと言うことができる。そして、「居場所」が日本語の日常語であることを考慮すれば、「居場所」の語法の変化には、日本の社会的・文化的要因が関係している。本書で論じることがらの一つは、こうした「居場所」の概念についてである。

そうした「居場所」という言葉が、今日、臨床的にも重要な概念になっている。それはクライエントが自身の苦痛を表現する場合にも用いられ、また心理療法の過程を説明する際にも使用される。具体的な「居場所」を提供しようとする支援もある。

けれども、こうした「居場所」の隆盛とでも呼べる状況に反して、「居場所」という言葉が指し示すものは、曖昧である。そしてそれが、心理臨床実践にどのような視点をもたらすのかも、やはり明確ではない。「居場所がない」苦痛は、クライエントにとっていかなる事態なのか。「居場所」は主体とどのようにかかわるのか。臨床実践ではいかなる視点をもちながら、「居場所のなさ」を抱えたクライエントとかかわる必要があるのか。

本書は、こうした問題に筆者なりに答えようとした試みである。

今日では、すでに、不登校児童・生徒やひきこもり者の支援の場では、フリースクールや適応指導教室、中間施設を「居場所」と呼称することが一般的になりつつある。こうした施設を用いた支援事業を、居場所事業と言うこともある。だから、「居場所」といえば、即座にそうした支援機関を思い浮かべることもあると思われる。本書を手に取ってくださった方の中には、実際にそうした現場で支援に携わっておられ、そこでの実践に活かすことのできる具体的な何かを求められた方もおられるだろう。その点では、本書は十分にその期待に応えられるものではないかもしれない。本書は心理臨床実践への寄与を目指すものではあるが、臨床事例は記載していないし、本書で扱う「居場所」の概念は、そのような支援機関を指す意味に限定されない。ただ、本書の試みは、そうした実際の支援の場も含めた「居場所」という概念を心理臨床学の視座から検討するものであり、それゆえ、「居場所」という現象を捉えなおす視点を提供することはできるかもしれない。

加えて、筆者自身は、これまで一対一の心理臨床実践のトレーニングを積むのと同時に、適応指導教室や、精神科クリニックのデイ・ケアなど、「居場所」と呼称されるような現場での臨床実践に携わってきた。本書には事例は記載していないが、本書の問題意識は、筆者のこれまでの臨床実践から生まれてきた問いをベースにしている。

本書が、臨床に携わる方や「居場所」に関心のある方にとり、わずかでも新しい視点を提供することができれば幸いである。

目　次

第II部　心理臨床における「居場所」の諸相

心理臨床と「居場所」

序　章

「居場所」研究の心理臨床学的意義

1. はじめに

本書の目的は心理臨床における「居場所」について検討することである。

「居場所」という日本語は日常的な言葉であり、我々はふだん、様々な文脈でこの言葉を使用する。「居場所」は、元来は「いるところ」「いどころ」といった意味であった[*1]。それは例えば、「行方不明だった人の居場所が分かった」という表現にみられるように、人の所在や居住地を表す言葉だった。実際に、日本語の辞書にもその意味のみが記載されている場合が多い。しかし、近年は「安心していられるところ」「自分らしくいられるところ」「ありのままでいられるところ」といった、心理的な意味を含んだ言葉として用いられるようになってきている[*2]（住田，2003；杉本・庄司，2006b，2007；中島ら，2007；石本，2009）。

ある個人が特定の集団や組織に属しているときにいきいきとしているさまを指して、「あそこは彼の居場所なのだ」と表現することは不自然なことではないし、人目を気にせずくつろげる自室を「居場所」として思い浮かべることもあろう。また逆に、集団の中で自分一人だけがうちとけられておらず疎外感を覚えるときや、組織の中で自分にだけ確たる役割がないようなときに「居場所がない」と言うこともあろう。こうしたときの「居場所」は、先に挙げた所在や居住地という意味以上の、その個人にとっての心理的な事態を指している。このように、「居場所」という言葉は、今日においては人の心の状態を表現する目的でも使用される。本書は、こうした「居場所」という概念について研究を行うものである。

しかし、日常語である「居場所」について研究することに、いかなる心理臨床学的意義があるのだろうか。本章においては、「居場所」について研究することの意義について明らかにする。

2. 先行研究における「居場所」の定義

「居場所」について研究する心理臨床学的意義を論じる前に、さしあたり「居場所」の意味するところを確認しておきたい。「居場所」は日常語であるが、同時に学術的な概念として、今日に至るまですでに多くの研究が行われている。それらの先行研究についてのレビューは次章にて行うが、ここでは、「居場所」がこれまでどのように定義されてきたかについて確認しておく。ただし、結論を先に述べると、「居場所」に関しては統一的な定義があるとは言い難い。

北山(1993)は、ウィニコット(Winnicott, D. W.)の「抱える環境(holding environment)」や「本当の自己(true self)」、「偽りの自己(false self)」の概念に依りながら、「居場所」を「自分が自分でいるための環境」としている。藤竹(2000)は、「居場所」をアイデンティティが確かめられる場所であるとし、中島ら(2007)は、藤竹(2000)の定義に依りながら、「自分が確認できる場所」と定義している。また、妙木(2003)は、「居場所」を「安心して人といられる場所」であり「自分らしくできる場所」であるとしている。村瀬ら(2000)も同様に、「居場所」を「心の拠り所となる物理的空間や対人関係、もしくはありのままの自分で安心していられる時間を包含するメタファー」であると定義している。則定(2008)は、「居場所」の心理的側面を強調する意味で、「心理的居場所」という表現を用いているが、定義としては「心の拠り所となる関係性、および、安心感があり、ありのままの自分を受容される場」だとしており、先に挙げた諸研究における定義と共通している。

このように、従来の研究では「居場所」は必ずしも共通の定義が用いられているわけではないが、「自分らしくいられる場所」「ありのままの自分でいられる場所」と定義しているものや、そのための前提的条件としての「安心できる場所」という意味を含めて定義しているものが複数みられる。定義に関する共通の見解がいまだに得られていない要因については第1章で検討するが、ここではひとまず、先行研究において共有されつつある「安心でき、自分らしくいられる場所」を「居場所」という言葉の意味するところとしておきたい。

ただし、共有されつつある定義といっても、この定義には曖昧さが残されている。それは端的に言えば、「自分」という概念の取り扱いに含まれる曖昧さである。「ありのままの自分」「自分らしい自分」と言うとき、それらがどのような性質の「自分」であるかは自明ではない。つまり、「自分らしい自分」や「ありのままの自分」が、いかなる条件に規定されるのかは不問にされているのである。こうした「自分」という概念については、後の章で検討することになる。

なお、「ありのままの自分」「自分らしい自分」は、しばしば「本当の自分」と同義に語られる。本書においては、基本的にこれらの表現に区別は設けない[*3]。

3.「居場所」研究の心理臨床学的意義

「居場所」について研究する第一の心理臨床学的意義は、心理臨床実践において「居場所」という言葉が登場することが少なくないという事実にみることができる。心理療法の場を訪れるクライエントが、自らの苦痛を「居場所がない」という言葉で表現することはまれではない。また、クライエントが直接そう表現せずとも、セラピストがクライエントについて理解する際に、「居場所がない」と見立てることもある。

北山（2003）は、「居場所」について「分裂病[*4]から神経症、さらに『スキゾイド』や境界パーソナリティまで様々な病態で問題になる」と述べている。すなわち、クライエントの精神病理に関連する要因として、「居場所」が想定されることを指摘している。

さらに、心理療法や心理臨床実践が、「居場所」を提供するという文脈で記述される場合もある。妙木（2003, 2010）は、クライエントが心理療法の場を訪れる背景として「居場所」の感覚の喪失があるとし、この失われた「居場所」の感覚を取り戻すことが心理療法の第一歩として重要であると指摘している。すなわち、心理療法過程が「居場所」の観点から理解されることが示唆されている。また、不登校児童・生徒やひきこもり者の支援の臨床において、フリースクールやフリースペースをはじめとする支援施設や環境は、しばしば「居場所」と表現される（例えば、村瀬ら, 2000；花嶋, 2011, 2013）。さらに、学校内においても、1992年に文部省(当時)が学校を生徒にとっての「心の居場所」とする方針を打ち出しており、教室に入りにくい児童・生徒に対し、相談室などで相談・学習支援を行う目的で「心の居場所サポーター」という名称の支援員が配置されるようになった地域もある*5。近年では、2011年3月11日に発生した東日本大震災とそれに伴う福島原子力発電所の事故に関連した被災者に対する支援として、「居場所」づくりが重要であるという指摘がなされている(例えば、佐々木, 2011)。地震や津波の被害、放射性物質の漏えいにより、数多の喪失とともに、それまで生活していた生活環境を突然離れざるを得なくなった被災者の苦痛や困難は容易に表現できるものではないが、その一側面を「居場所をなくした」あるいは「居場所を奪われた」と表現することは可能であろう。

こうした状況に鑑みるに、今日、「居場所」という言葉は、心理臨床実践においてクライエントの心理的苦痛の表現として、病態の理解の手がかりとして、また支援の方法として、重要な概念として用いられていると言える。とりわけ、クライエントの心理的苦痛が「居場所がない」という言葉で表現されうることは重要である。心理療法や心理臨床実践は、心理的苦痛を抱えたクライエントの存在がその根幹にある。「居場所がない」という言葉を用いて表現されるクライエントの心理的苦痛への理解を深めることは、クライエントの心理的支援に寄与するものである。

しかしながら、このように心理臨床の様々な文脈で用いられる「居場所」の意味するところは、本当に自明なのであろうか。「居場所」は、第一に日常語であるがゆえに、別の言葉で言い換えられないような直接性をもって我々に理解される。「居場所がない」という語りを聞けば、我々は、その言葉を発した相手の心理的な苦痛が直接伝わってくるように感じられるし、その苦痛を理解したようにも感じる。さらに、我々は、その人の「居場所がない」という状態が、改善されねばならないものであるとも考える。「居場所がない人に、居場所を提供する」というのは、反駁の余地のない倫理的命題のようにも感じられる。

しかし、「居場所がない」事態とは当の本人にとっていかなる事態であり、その心理的苦痛はいかなる性質のものなのだろうか。心理療法の中でクライエントが「私には居場所がない」と語るとき、その言葉をセラピストはどのように聴き、どのように理解すればよいのだろうか。「クライエントには、なにか落ち着かない感じがある」と理解することも可能であろうし、ここまで確認してきた「居場所」の意味から「クライエントには安心でき、自分らしくいられるような場所が外的現実にない」と理解することもできよう。また、「面接室もクライエントにとって居場所となっていないことを、セラピストに伝えようとしている」という理解も成り立つであろう。しかし、それで十分なのだろうか。仮に、「安心でき、自分らしくいられる場所」がない事態だと理解されたとして、治療者や支援者から提供される「居場所」は、果たして本人が「ない」と感じている「居場所」を補償するものなのであろうか。あるいは、そもそも、「居場所がない」事態における支援の方法として、代替的な「居場所」を提供することが本当に妥当であるのか、これらは決して自明ではない。

つまり、心理臨床の実践について考えたとき、「居場所」は重要な概念ではあるが、その意味するところや、「居場所」という視点から心理臨床実践を考えることの意味については、いまだ検討の余地が残されていると言える[*6]。

また、「居場所」について研究する心理臨床学的意義に関しては、第二に、「居場所」概念そのものに内包されている性質にみることができる。

先行研究において「居場所」の定義が「安心できる場所」や「自分らしくいられる場所」といった意味で共有されつつあるものの、いまだにその定義をめぐっては様々な議論がある。しかし、「居場所」の定義が困難な要因については、これまで十分に議論されているとは言い難い。「居場所」概念について、その成立の過程を確認し、定義をめぐる困難について検討することは、「居場所」という概念の深化につながると考えられる。

「居場所」は確かに日常語であり、学術的な研究にはなじみにくいものかもしれないが、例えば今日心理学的な概念として扱われている「自我」という用語に関して、フロイト（Freud, S.）においてはIchという、「私」を意味する日常的な語が用いられており[*7]、フロイトの周辺では厳密な学術用語ではなく日常的表現や文学的表現が討論の際に用いられていた（北山, 1993）ことを考慮すれば、日常語の概念について理解を深めることは意義があると考えられる。北山（1993）は「精神分析実践において言葉の面で重要なのは、従来の日本語の意味を生かしながら、これまで意識されなかった意味をゆっくりと追加することであろう」と述べているが、このことは精神分析に限らず、言葉を用いる心理臨床実践でも同様に重要であると言えよう。日本語の概念について理解を深め、意味を拡充することは、他ならぬ日本語を用いてなされる本邦の心理臨床の実践に資するものである。「居場所」概念について、その成立過程や定義の困難性も含めて検討することには、こうした意義があると言える。

加えて、「居場所」概念の性質として、それが歴史的な概念だということがある。本章の冒頭でも述べたように、それは元来「いるところ」「いどころ」といった、人の所在を示す言葉であったが、近年になり「自分らしくいられる場所」「安心していられる場所」といった心理的な意味が加わった。これは、特定の研究者がある時点で「居場所」をそのように定義したためではなく、むしろ日常的使用の文脈において通時的な変化が生じてきたのであり、その意味で歴史的な概念であると言える。こうした歴史的概念としては、例えば「ひきこもり」を挙げることができる。「ひきこもり」概念について、山田(2011)は「ひとつの概念は、その時代、その文化にとって、何がしかの必要性を持って作られたと考えるべきだろう」と述べているが、「居場所」概念についても同様のことが言える。つまり、心理的意味を付与された「居場所」という概念が歴史上のある時期に生じてきたのだとすれば、「居場所」概念が用いられるようになった文脈には、そのときの時代、文化、社会的文脈の中での必然性、さらにはその中で生きる人の心のありようが反映されていると考えられる。ソシュール(Saussure, F.)が言うように、言語体系に属する単語の意味が変化し、それが広く受け入れられるためには、それに先立って個々人のパロールにおいてその新たな使用例がくり返し用いられなければならない(丸山, 1981)。「居場所」という言葉の意味が「安心でき、自分らしくいられる場所」と変化してきたのであれば、「居場所」という言葉をその意味で用いる必然性が日常的・社会的にあったということであり、付与されている意味が心理的な次元のものである以上、その文脈は我々の心のありようにかかわる文脈であったと考えられる。「居場所」概念の形成過程について検討することは、現代を生きる我々の心のありようについて示唆を得ることにつながると考えられ、その点においても心理臨床の実践に資することが期待される。

4. 本書の目的

前節まで、「居場所」について研究する心理臨床学的意義について確認してきた。それは、一つには心理臨床実践において「居場所」概念が重要性をもっていると考えられることであり、もう一つには、いまだ十分にその意味するところが明らかにされていない「居場所」概念について、概念の形成過程をたどることによって我々の心のありようについての示唆を得ることができることである。

そこで、本書の目的は以下のとおりになる。第一に、「居場所」概念についてその形成過程を含め理論的に検討することで、「居場所」概念を深化し、同時に「居場所」概念の形成に関係する我々の心のありようについて明らかにすることを目的とする。第二に、「居場所」概念が、どのように心理臨床の実践に資するかについて明らかにすることを目的とする。

5. 用語に関する注釈

なお、ここで「心理療法」および「心理臨床実践」という言葉について、その意味するところを説明しておきたい。「心理療法」については、河合隼雄(1992)は「『定義』することなど不可能に近い」と述べつつ、「悩みや問題の解決のために来談した人に対して、専門的な訓練を受けた者が、主として心理的な接近法によって、可能な限り来談者の全存在に対する配慮をもちつつ、来談者が人生の過程を発見的に歩むのを援助すること」としている。本書における「心理療法」は、河合(1992)の述べる前提に立ちつつ、特に、人の心に無意識を想定し、その観点からクライエントや治療過程を理解する深層心理学を理論的根拠にもち、クライエントとセラピストの面接関係がベースとなる心理的支援の方法を念頭に置いている。また、単に「心理療法」と言うときには、一対一の面接関係でなされる個人心理療法を指すこととし、必要に応じて「集団心理療法」などの用語を用いる。また、臨床心理学の理論を背景にもつ心理的支援を広く「心理臨床実践」と表現することとする。例えば、精神科のデイ・ケアにおける心理的支援や、震災被災者の心のケアの実践なども「心理臨床実践」に含まれる。したがって、「心理療法」

は「心理臨床実践」の中に含まれることになるが、クライエントとセラピストの二者関係による面接をベースにした実践か、その方法に限定されない実践かで区別されることになる。本書で心理臨床と言うとき、基本的に、「心理療法」を包含する意味での「心理臨床実践」を想定しているが、特に必要が生じた際に「心理臨床実践」と「心理療法」の語を使い分けることとする。

6. 本書の構成

上述の目的に鑑み、本書は二部構成で展開される。第Ⅰ部は、第1章と第2章からなり、「居場所」概念に関する理論的な検討が行われる。続いて、第3章以降の章からなる第Ⅱ部において、「居場所」に関連する心理臨床的事象の検討を通じて、心理臨床実践の深化が目指される。

第1章においては、「居場所」概念が今日のような心理的次元の意味を含んで使用されるようになった歴史的経緯について検討し、その上で「居場所」の先行研究について概観する。ここでは、その歴史的経緯として、1950年代からわが国でもみられるようになり、1970年代から1980年代にかけて大きな社会問題にもなった不登校の問題との関連において、「居場所」概念の形成過程を確認する。また、不登校問題が登場する以前の「居場所」概念についても検討される。このように「居場所」概念の歴史性について確認した上で、「居場所」の先行研究を概観し、「居場所」概念の定義が困難な要因についても検討する。

第2章においては、「居場所」概念の形成過程における文化的要因について検討される。このとき、日本にとりわけ多いとされる神経症である「対人恐怖症」と、日本語に特有の概念である「甘え」に着目することで、日本人の対人関係と主体のありようについて検討し、それらの文化的特性との関連において「居場所」概念の形成過程について検討する。

第3章においては、「居場所のなさ」という事態を取り上げる。すなわち、「居場所がない」事態が個人の心理的次元においていかなる事態なのかについて検討する。その際、「居場所のなさ」の具体的様態として、青年期の個人が所属している集団において居心地の悪さを感じている状態を取り上げ、調査を用いて「居場所のなさ」について検討する。ここから、主観的体験としての「居場所のなさ」が個人にとっていかなる心理的事態であるのかが明らかにされる。

第4章においては、「居場所」において問題となる、主体が「いること」について検討される。その際、ウィニコットの発達論および「本当の自己」「偽りの自己」の議論を援用しながら、主体と「居場所」の関係について論じる。さらに、主体を成立させる場としての身体、および、エリクソン（Erikson, E. H.）のアイデンティティの概念と「居場所」の関連についても考察される。

第5章においては、第3章、第4章において検討された点を踏まえ、「居場所」という視点が心理臨床実践に寄与しうる点について考察される。クライエントの「居場所のなさ」を考えるときに、いかなる視点が求められるのか、また、臨床において問題となる「居場所」の諸相について検討される。

第6章においては、現代において「居場所」概念が使用されるコンテクストを検討しながら、現代的な心のありようについて検討される。その上で、心理療法の意義が改めて論じられる。現代的な状況における「居場所」のありようについては、インターネットと、「キャラ」化したコミュニケーションのあり方に焦点を当てて検討する。これらの検討を通して、「居場所」という観点から見た現代の心のありようを明らかにし、今日における、クライエントとセラピストという具体的な二者関係を基盤に置く心理療法が持つ意義について検討する。

第Ⅰ部
「居場所」の理論的検討

序章において触れたように、「居場所」は日常語であり、また心理臨床領域においても重要な概念となっているが、その概念には曖昧さが伴っている。第Ⅰ部においては、この概念に対して理論的な検討を行うことで、曖昧さを整理し、概念についての理解を深化させることが試みられる。

具体的には、第1章において、「居場所」概念の成立の過程について確認した上で、これまでなされている先行研究を概観する。またその上で、「居場所」の定義が困難である要因についても考察する。

続く第2章において、「居場所」概念が日本文化において形成されてきたものであると捉え、日本の文化的特性と概念の形成過程の関連について検討を行う。すなわち、「居場所」という概念が今日の形で形成される背景となった日本の文化的コンテクストに関して考察が行われる。

これらの章を通して、曖昧で捉え難さのある今日の「居場所」概念を捉える参照枠がもたらされることが期待される。本書は心理臨床における「居場所」を扱うものであるが、その点について検討する上で、全体としての概念の見取り図を得ておくことには意味があると考えられる。

第1章

「居場所」概念の歴史性と先行研究

1. はじめに

本章では「居場所」概念の歴史性について論じた上で、先行研究を概観する。その上で、「居場所」の定義をめぐる問題について考察し、本書における「居場所」の捉え方を確認する。

序章で確認したように、「居場所」という言葉は、元来は文字どおり「人のいるところ」「いどころ」といった意味の日常語であった。しかしながら、現在では「安心していられるところ」「自分らしくいられるところ」といった心理的次元の意味を伴って使用されるようになっている（住田，2003；杉本・庄司，2006b，2007；中島ら，2007；石本，2009）。芹沢（2000）は「当初、この言葉の使われ方にずいぶん違和感をおぼえたことを記憶している」と述べ、その理由について、「住んでいる場所を指していた言葉が、ある空間における身の置き所というニュアンスを伝えるものに変わり、さらには教育政治学的な領域に移って『子ども問題』を語るときの重要なキーワードとして浮上してきたことによる」と述べている。この芹沢（2000）の表現に、「居場所」という語の意味合いが通時的に変化してきたことが端的に表れている。

このように、「居場所」が、元来の物理的な次元の意味を超えて、心理的次元の意味を含んだ概念として使用されるようになったのは、どのような経緯からであろうか。その背景には、不登校の問題があると考えられている（芹沢，2000；萩原，2001；住田，2003；中島ら，2007；石本，2009）。以下では、その経緯について確認しておく。

2.「居場所」概念と不登校問題

不登校とは、病気や障害、経済的事情等を除いた理由による欠席を指す。不登校については、ブロードウィン（Broadwin, I. T.）（1932）による研究が最初であり、1940年代にアメリカにおいて、ジョンソンら（Johnson et al., 1941）が「学校恐怖症（school phobia）」として名づけたことで注目を浴びるようになった（山中，2001；保坂，2001）。その後、日本においても1950年代より研究がなされるようになった。1950年代から1960年代は、不登校は母子分離不安による症状、すなわち「学校恐怖症」として捉えられる傾向があったが、1970年代になり、個人病理のみならず、学校側の要因も無視することはできないという視点から、「登校拒否」として捉えられることになり、その後、1980年代に入り、高度経済成長など現代の時代性や社会背景なども踏まえた上で、社会現象として不登校を捉える必要性が認識され、呼称についても、「登校拒否」から「不登校」が一般的になった（伊藤美奈子，2009）。小中学校における不登校での長期欠席児童・生徒数は2001年度にピークを迎えたのち、若干減少したものの、2014年度では12万3千人にのぼる（文部科学省，2015）。

不登校問題のこのような経緯の中で、不登校の子どもの支援として、1980年代からフリースクールやフリースペースが設立されはじめることになる。1980年代においては、こうしたフリースクールやフリースペースを指して「居場所」と呼んでおり（萩原，2001）、芹沢（2000）や住田（2003）は、1985年に開設されたフリースクールである「東京シューレ」が子どもの「居場所」の原型であるとしている。

不登校は、「学校に登校しない」という現象面でまとめられた不適応行動の一群と言える。それゆえ、不登校に至る背景は個々人で異なり、不登校の児童・生徒を支援する方法としても様々なものがある。例えば、心理臨床の領域においては、山中（1978，2001）は、思春期内閉の概念を提示し、不登校の子どもについて「内的なアイデンティティの未確立な状態」として捉え、その確立を治療目的とした。つまり、不登校を必ずしもネガティブな状態として捉えるのではなく、内的な必然性があって生じていることとしたのである。不登校の子どもと治療的にかかわる上で、山中（1978，2001）は、彼らの限局した興味として「窓」の重要性を指摘している。これは、不登校に対する心理臨床的アプローチの一例である。他方、1995年に導入されたスクールカウンセラー制度も、その目的の一つとして、不登校児童・生徒への支援・対策があった。

このように、不登校の問題に関しては様々な支援の方法があり、フリースクールやフリースペースも、そうした支援の一つであると言える。それでは、フリースクールは、不登校の子どものいかなる苦痛や困難に焦点を当て、支援しようとしたのだろうか。「東京シューレ」の設立に携わった奥地(1991)は、以下のように述べている。

> すべての子が学校に行くことになっており、行かないことが異常視される社会では、何かの事情で不登校状態になると、生活の多様な側面――人間関係、学習権をはじめさまざまの権利が奪われてしまう結果になり、家庭にいてできることをするしかなくなってしまうのです。…(略)…たいていの家庭が「学校に通っている子はまともだが、学校に行かない子はダメな子、将来がない。早く登校してほしい」という態度で接します。ですから、学校に行かなくなると、生きていく基本空間である家庭さえ本人の居場所ではなくなって、それはつらい精神状態に追いこまれます。
>
> …(略)…大事なことは枠にあてはめることではなく、その子が自分らしく在ることを尊重され、自分のペース、自分の感性を大事に、自分に合った生き方をみつけること、大人はそれを援助するということではないか…(略)…ささやかでも、具体的に「学校の外の子どもの場」をもつことによって、学校しかない状況を変えていきたいと思ったのです(奥地, 1991)。

学校が「当然行くべきところ」として社会で認識されている中で、学校に行けなくなると、子どもは主に家で過ごすことしかできなくなる。しかし、家であれば子どもは安心して過ごすことができるとは限らない。なぜなら、親もまた「学校は当然行くべきところ」という価値観を有し、子どもの不登校を問題視するためであり、その親からのまなざしにさらされた子どもは、家においてさえも落ち着いていることができなくなる。こうして、不登校の子どもにとってはいかなる場所も、自分に批判的なまなざしが向けられる、居心地が悪いものとなる。それはまさに身の置きどころのないような苦痛であって、「居場所がない」と表現されうる苦痛である。学校にも行けず、家庭でも居心地が悪いという苦痛を抱えた不登校の子どもに対する援助として、フリースクールは安心して居心地良くいられる場を提供し、そこで子どもが自分らしくいられることを重視したのだと考えられる。

このように、学校に行けなくなり、家庭においても安心し、落ち着いて過ごすことができない子どもに対して、安心していられる場所を確保することがフリースクールの第一の眼目であるとすれば、こうしたフリースクールを原型として形成されてきた「居場所」概念は、必然的に「学校は当然行くべきところ」という社会的に共有されている価値観とは異なる価値基準をもっている必要がある。このことを芹沢（2000）は「学校の外」と表現し、住田（2003）は「学校的文脈を離れたところにあって、学校価値に否定的あるいは対立的な意味合いを含んでいる」と述べている。「学校は当然行くべきところ」という価値観を自明視しない他者によって構成され、提供される場において、不登校の子どもは居場所のない心理的苦痛や、自らに対して否定的なまなざしを向ける他者から解放され、安心を得て、自分らしくあることができるようになる。そうした場が「居場所」として捉えられ、その重要性が社会的に共有されていったのだと考えられる。

今日、「居場所」という言葉に含まれるようになった「安心していられるところ」や「自分らしくいられるところ」といった意味は、こうしたフリースクールに象徴される不登校の支援が社会に浸透する過程で定着するようになったと考えられよう。

このような流れの中、1992年には、文部省（当時）が行政的な立場から「登校拒否はどの子にも起こりうるものである」という見解を示し、「学校が児童生徒にとって『心の居場所』」（文部省，1992）となることが必要であるとの方針を提示している。この文部省（1992）による報告以降、不登校児童・生徒の心理的居場所を作るという目的で教育支援センターや適応指導教室が各地に積極的に設立されることとなった（伊藤美奈子，2009）。

3. フリースクール以前の「居場所」概念について

前節では、不登校の問題を背景に、1980年代から設立されたフリースクールが「居場所」の原型であることを確認した。しかし、フリースクールが「居場所」として捉えられる以前には、「居場所」の語はこうした心理的意味で用いられることはなかったのだろうか。従来の「居場所」研究においては、「居場所」が今日的意味で用いられるようになった発端が不登校問題とフリースクールであることに触れている研究はいくつかある一方で、それ以前の「居場所」概念について検討しているものは見当たらない。本書では、この点についても検討しておく必要がある。

「居場所」という言葉は、『大言海』(大槻，1982)では「ゐどころ(居所)ニ同ジ」となっており、「ゐどころ」は、「居ル所。座。ヰバショ。又、スマヒ。住居」と記載されている。つまり、「居場所」という言葉については、近代以前においては、同じ意味の「ゐどころ」という言葉の方が主に用いられていたと考えられる。現に『時代別国語大辞典　室町時代編五』(土井ら，2001)や『角川古語大辞典　第五巻』(中村ら，1999)には、「ゐどころ」は記載されていても、「居場所」あるいは「ゐばしょ」という言葉は記載されていない。

「ゐどころ」の意味としては、飛鳥時代から奈良時代までの上代語を扱った辞書である『時代別国語大辞典　上代編』(澤瀉ら，1967)では「居るところ。住所」となっている。それが、『時代別国語大辞典　室町時代編五』では、「ゐどころ」は「ゐど(居処)」の意味と重なり、「ゐど」は「①その人の、座をしめている所、落ち着いていつも居るべき所」、「②尻」の意味となっている。身体の一部である「尻」の意味が含まれているのは、「ゐる」という動詞が、「存在する」という意味のほかに、「座る」という意味を有していることと関連があると考えられる。「いる」は現在では存在を表す言葉だが、中世においては、「座る」という意味が第一の意味だった。この「ゐる」という語について、『角川古語大辞典　第五巻』には「基本の意味は、第一に、立っているものや動いているものが、ある所に座ったりとまったりする意、第二に、その成立した状態を持続する意である。古い例には第一の用法のものが多いが…(略)…時代とともに、単独で持続状態にあることを表す第二の用法が主流となり、やがて『をり』とともに、単に存在状態を表す『あり』の領分を侵すことになった」とある。つまり、「ゐる」はもともとはその場にとどまったり、座ったりする意味であり、座る際に環境に接するのは臀部であるため、「ゐど(居処)」には身体の一部である「尻」の意味が含まれていたのだと考えられる。

「ゐどころ」という言葉で意味されていたものが、いつごろから「居場所」という表現に変わったのかについては、その正確な時期を判断するのは難しい。言葉を分解して考えれば、「居る」「場所」となるが、「場所」という言葉も、『時代別国語大辞典　上代編』や『時代別国語大辞典　室町時代編』には登場しないため、少なくとも室町期までは、現存する資料の中においては使用されていなかった可能性がある。この時期には、現在の「場所」という言葉の意味は、「場(ば)」や「所・処(ところ)」といった言葉が担っていたと考えられる。「場所」という言葉は『角川古語大辞典　第四巻』(中村ら, 1994)には掲載されているが、そこでの使用例の引用文献は『浮世床』や『寸南良破意』といった江戸時代のものである。

「居場所」というキーワードで「国立国会図書館サーチ」を用いて検索したところ、検索結果の中で最も古いものが『実業の宝』(大月, 1896)であったことから、少なくとも発刊時点の19世紀末には「居場所」という言葉が日常的な表現となっていたことがうかがえる。「場所」という言葉が日常に用いられるようになる過程で、「ゐどころ」だけでなく、「居場所」といった表現もなされるようになった可能性が考えられる。なお、『実業の宝』における「居場所」という言葉の用法は、商売や事業を開始する際の場所、すなわち地理的な場所について述べているものであり、今日のような心理的次元が含まれた使用法ではない。

それでは、「居場所」という言葉が、心理的次元の意味を含むようになったのはいつ頃からなのだろうか。この点の検討に関しても、やはり書物に頼るほかなく、日常における口語的使用の実態と乖離する可能性はあるが、1942年に発刊された『女性の首途』(鷹野, 1942)という書籍の中の「居場所」の語の用いられ方に、その萌芽を見出すことができる。以下にその箇所を引用する[*8](傍点は筆者による)。

> その後、ゴルキイの書物かで、やはり家族から離れて、庭先の青空の下に丸太や古板で小舎建てをしようとする少年の姿が描いてあったが、国柄や

> 年代こそちがえ同じ時代の風潮や、自己に目覚める年頃の似通った気もちなども、思い合わせられてほほえましかった。
>
> 独居を求めるこのような抑えがたい少年の気持ちなどを、独りのものとして眺めてやる余裕も今日では乏しくされているであろう。進んで居場所を求めるよりも追われがちでいる者も多いと聴く。身を伸ばして眠るほどの場所さえない者もあるという。こういう時世には、私たちの居場所とするところも心の上に築かれねばならない。
>
> …(略)…物騒がしい時代に住んだ先人には、坐すに足る方丈の間を望みとした者もあった。この心を何んとなく思い出してみると時代の距りにもおどろかれる。何人にも世に寄与の任あるを思わせられる今日の世相の一端に伴って、私たちがそれぞれの自分の居場所を選び見きわめてみるというのも容易なことではない(鷹野, 1942)。

この引用部分には「人のいるところ」「身の置きどころ」という物理的な意味で「居場所」という語が用いられている箇所と、そうした物理的な意味を超えた用いられ方がなされている箇所とが見受けられる。「こういう時世には、私たちの居場所とするところも心の上に築かれねばならない」と著者が述べている箇所においては、「居場所」の語は、物理的な空間における人の所在以上の意味で用いられていると考えられる。著者は「身を伸ばして眠るほどの場所」がない、すなわち、物理的空間における身の置きどころが定まらないときには、個人の心の中にその居場所をもたねばならないと述べているが、引用部分の冒頭の自己に目覚めた少年が独居を求めるくだりを加味すれば、ここにおいては「居場所」は、自己、あるいは個としての自分を成り立たせるための基盤のメタファーとして用いられていると考えられる[*9]。さらに、後半部では、「世に寄与の任ある」、つまり世の中に貢献せねばならない時世における自分の居場所の見つけづらさについて書かれている。ここでもやはり、「居場所」は単なる物理的空間や場所を意味する語としてではなく、社会における個人の役割や「ポジション」のメタファーとして用いられていると理解するのが適切であろう。

このほか、「居場所」という語が書籍のタイトルに使用されているものとしては、1978年に発刊された、小説家である八木義徳が著した『男の居場所』(八木, 1978)という随想録まで遡ることができる[*10]。この随想録において、「居場所」の語は以下のように記されている(傍点は筆者による)。

> 定年の近づいたサラリーマンと話をしていると、時折ふと、なんともいえぬさびしげな表情をみせられるが、これは必ずしも定年後の生活の不安ということばかりではなかろう。それよりも、自分の“居場所”を失う日がやがて否応なくやってくる、というその欠落感のほうが一層切実に彼の心を孤独にするのではないのか。
>
> …(略)…おじいさんたちにとっては、団地内の遊園地もマーケットも、彼らの“居場所”にはならないのだ。そればかりでなく、おそらく家の中でも彼らの“居場所”はないのではないか。そうした居場所を失った男という生物の顔は、なぜあんなにも気の抜けた、さびしげなものになるのだろう。
>
> ところで“居場所”とは何か。それは単に「生活の場」という意味だけではなかろう。それはいってみれば「そこにおいて、自己の存在を確認する場所」ということになるだろう(八木, 1978)。

ここにおいては、すでに、「居場所」という語が「生活の場」という意味を超えて、「自己の存在を確認する場所」として用いられている。そして、「居場所を失うこと」はサラリーマンという肩書や役職、また仕事場での人間関係など、自己を確認する場を失うことのメタファーとして記されている。ここから、どの程度日常的に使用されていたかは置くとしても、1970年代においてはすでに「居場所」という言葉を心理的な意味において用いる文脈があったことがうかがえる。

これらの例を考慮すると、「居場所」という語は、多くの日本語の辞書には「人のいるところ」「いどころ」といった意味のみが記載されているが、それ以上の心理的な事象、例えば個としての自分という存在の成立に関することがらや、社会における役割やポジションを表すメタファーとして使用する文脈が、戦前から戦後にかけてすでに存在していたと考えられる。「居場所」という語が今日のように「安心していられるところ」「自分らしくいられるところ」という意味で広く用いられるようになった契機は不登校の問題とその支援としてのフリースクールの設立にあるとしても、不登校の児童の心理的苦痛を「居場所がない」と表現し、またフリースクールを「居場所」として表現するようになった背景には、こうした文脈があったと考えられる。

4.「居場所」に関する先行研究

前節では、「居場所」概念が今日のように「安心でき、自分らしくいられるところ」という意味で用いられる背景に不登校の問題があったことを確認した。そして、その前段階として、「居場所」という言葉が自分の存在の成立に関することがらや、社会における役割やポジションを意味するメタファーとして使用される文脈が存在していたことを確認した。

不登校問題をめぐる流れの中で、1992年には文部省（当時）が、学校を「心の居場所」にする方針を打ち出し、全国にも子どもの「居場所」となることを目指したフリースクールや適応指導教室が設立されていくことになる。こうした経緯の中で、1990年代から、教育分野や、心理学および心理臨床領域において、「居場所」についての研究が盛んに行われるようになった*11（杉本・庄司, 2007；中島ら, 2007；石本, 2009）。本節では、「居場所」についての研究を概観する。

「居場所」について研究がなされるようになったのが1990年代からであるように、「居場所」は学術分野においては比較的新しい概念であると言える。それにもかかわらず、これまでに、心理学領域をはじめ、教育学、社会学、建築学*12など、様々な分野において非常に多くの研究がなされており、それらすべてを網羅的にレビューすることは不可能に近い。したがって、本書では序章で示した目的に鑑み、特定の視点に基づいてレビューを行う。

これまでに「居場所」に関する研究をレビューしたものとしては、子どもの「居場所」研究について扱った杉本・庄司（2007）や、「居場所」概念の普及について扱った石本（2009）のものがある。杉本・庄司（2007）においては、先行研究の分類に関して、大きくは「『居場所』の定義・概念の提言」「『居場所』の実証的研究」「『居場所』づくりに関する実践的研究」の三つの視点が挙げられている。石本

(2009) は、心理学および関連分野における居場所の研究について、やはり三つに大別できるとし、居場所の内容や分類について扱った「居場所に関する心理学的考察」「居場所から捉える臨床事例」「居場所に関する実証的研究」の分類に基づいてレビューしている。杉本・庄司 (2007) と石本 (2009) の分類の視点は、おおよそ重なっており、これらの視点には妥当性があると言える。本書においてもこれを踏襲することが適切であると考えられるが、これらの中で、「居場所に関する実証的研究」という視点は、研究の主題ではなく方法論による分類であり、本書ではあえてこの分類枠を設けることはしない。序章でも述べたように、本書の目的は「居場所」概念について理論的に検討し、心理臨床における「居場所」という視点の意義について検討することである。したがって、「居場所」の概念や定義、またその分類に関する研究と、心理臨床領域における「居場所」についての研究を中心にレビューを行う。「居場所に関する実証的研究」に分類される先行研究に関しては、その方法論ではなく、研究の主題に沿って分類する。

4-1.「居場所」の定義や性質・分類に関する研究

「居場所」の定義に関しては、序章で確認したように、「自分が自分でいるための環境」(北山, 1993) や、藤竹 (2000) による「アイデンティティ (自分が社会に生きている証拠) を確かめることができる」場所、「自分が確認できる場所」(中島ら, 2007)、「他者との関わりのなかで自分の位置と将来の方向性を確認できる場」(田中, 2001)、妙木 (2003) による「安心して人といられる場所」であり「自分らしくできる場所」、村瀬ら (2000) による「心の拠り所となる物理的空間や対人関係、もしくはありのままの自分で安心していられる時間を包含するメタファー」などがある。また、則定 (2008) は、「心理的居場所」を「心の拠り所となる関係性、および、安心感があり、ありのままの自分を受容される場」だとしている。

さらに、こうした「居場所」があるという主観的感覚を「居場所感」として概念化している研究もある。中原 (2002, 2003) は、「居場所感」について「自分がそこにいてもいい場であり、自分らしくいられる場であり、自分がありのままにそこにいてもいいと認知し得る感覚」と定義している。則定 (2008) も、先に引用した「心理的居場所」の定義をもとに、「心理的居場所」があるという感情を「心理的居場所感」として概念化している。

これらの定義には、「安心」という要素が含まれているもの（妙木，2003；村瀬ら，2000；住田，2003）、「自分」という要素が含まれているもの（北山，1993；妙木，2003；村瀬ら，2000；則定，2008；中島ら，2007；中原，2002，2003）があり、これらの要素は複数の先行研究に共通していると言える。ただし、例えば「いつも生活している中で特にいたいと感じる場所」（杉本・庄司，2006b）といった定義もあり、論者によって様々に定義されているのが実情である。藤原（2010）は先行研究における「居場所」の定義が10種類に分類可能だとしており、このことからも様々な定義が用いられてきたことが分かる。また、序章においても述べたように、定義に含まれることの多い「自分らしさ」や「ありのままの自分」といった表現に関しても曖昧さがある。

次に、「居場所」の性質や構成概念を扱った先行研究を挙げる。萩原（2001）は、「居場所」の意味として、「①『自分』という存在感とともにあること」、②「自分と他者との相互承認という関わりにおいて生まれること」、③「生きられた身体としての自分が、他者・事柄・物へ相互浸透的に伸び広がっていくことで生まれること」、④「世界（他者・事柄・物）の中での自分のポジションの獲得であるとともに、人生の方向性を生むこと」を挙げている。石川（2004）は、ひきこもり者の「居場所」の意義について検討する中で、「他者との関係性」と、「自分自身を語るための語彙」としての性質を見出している。原田・滝脇（2014）は、「居場所」を「社会的居場所」と「個人的居場所」に分類し、前者は「承認的居場所」「受容的居場所」「所属的居場所」の三つの要素からなり、後者は「解放的居場所」「内省的居場所」の二つの要素からなるとしている。実証的研究の文脈では、大久保・青柳（2001）は、大学生を対象に「居場所がある」と感じるときの記述を収集し、作成した居場所感尺度の「ポジティブ尺度」を構成する因子として「非疎外感」と「被期待感」を見出している。富永・北山（2003）は「居場所がある」状態について「安心感」「受容的環境」「連帯感」「役割」からなる尺度を作成している。杉本・庄司（2006b）は、「居場所」の心理的機能として、「被受容感」「精神的安定」「行動の自由」「思考・内省」「自己肯定感」「他者からの自由」の6因子を見出している。

次に、「居場所」の分類に関して取り扱った先行研究を概観する。「居場所」という同一の言葉が用いられていても、文脈によってそこに含意されている主たる機能や意味が異なる場合がある。こうした性質の違いに着目して、「居場所」の分類が試みられている。

藤竹（2000）は、「居場所」を「社会的居場所」「人間的居場所」「匿名的居場所」に分類している。「社会的居場所」とは、自分が他人によって必要とされている場所であり、自分の資質や能力を社会的に発揮することができるような居場所である。他方、「人間的居場所」とは、社会的文脈を離れ、自分自身であることを実感できる場所を指す。また、「匿名的居場所」とは、群衆の中で匿名的な存在になることによって自分を取り戻すことができるような居場所である。この藤竹（2000）の分類は、個人にとって当該の居場所がいかなる意味をもつか、という「居場所」の機能に着目した分類であると言える。安齋（2003）は、子どもの「居場所」について、「自己発揮の場としての居場所」と「逃げ場としての居場所」に大別している。「自己発揮の場としての居場所」は、いきいきと自己発揮し、自身の自己像を修正していくような居場所であり、「逃げ場としての居場所」は、「いられない場から逃げ出し立ち止まって心の安定を図る場」（安齋, 2003）であるとされる。安齋（2003）の分類も、藤竹（2000）と同様に「居場所」の機能に着目した分類であると言えよう。また、安齋（2003）の「自己発揮の場としての居場所」は、藤竹（2000）の「社会的居場所」と重なるものであるし、「逃げ場としての居場所」は、「人間的居場所」と「匿名的居場所」の両方と重なり合うところがある。

三本松（2000）は、場所の空間性と社会性に着目し、「社会的居場所」と「人間的居場所」の分類を見出している。これは藤竹（2000）の分類と重なるところがある。また、こうした「社会的居場所」と「人間的居場所」の分類のほかに、「居場所」に対する個人の主観的捉え方と、他者の視点からの捉え方の一致・不一致という観点から「社会に開かれた居場所」「自分の中の居場所」「他者から見た居場所」の分類を提示している（三本松, 2000）。これは「居場所」に関する個人の主観的認知、すなわち、当の個人がその場所を「居場所」として認識するか否かを考慮した分類であると言える。

住田（2003）は居場所の条件として、当の個人にとってそこが居場所だと認識される「主観的条件」と、居場所の「客観的条件」を分け、特に客観的条件には「関係性」と「空間性」の二つの軸があるとしている。そして、その「関係性」と「空間性」がそれぞれ個人的か社会的かによって、「居場所」は四つに分類されうることを指摘している。この分類によれば、プライベートな自室などは関係性、空間性ともに「個人的」な居場所ということになり、学校での仲間集団などは関係性、空間性ともに「社会的」な居場所ということになる。

杉本・庄司（2006a）は、実証的研究の結果から、子どもの「居場所」における他者との関係性に着目して、「自分ひとりの居場所」「家族のいる居場所」「友だちのいる居場所」「家族・友だち以外の人がいる居場所」の四つに分類しうるとしている。これは「居場所」における具体的他者の性質および在・不在に着目した分類であるが、他者といる「居場所」でも、家族との間で形成される「居場所」と、家族以外の社会的な他者との間で形成される「居場所」とで、その心理的な機能が異なりうることが実証的に示されている。

石本（2009）は、こうした「居場所」の分類についての先行研究を踏まえた上で、一人でいる「個人的居場所」と、他者と一緒にいる「社会的居場所」に分類し、それぞれ心理的機能が異なることを、実証的に明らかにしている。先にも引用した原田・滝脇（2014）は、先行研究における「居場所」の捉え方を概観した上で、「居場所」の概念を再構成し、「社会的居場所」と「個人的居場所」からなる居場所尺度を作成している。

このように、「居場所」の分類に関しても、論者の重視する側面によって分類軸は異なり、統一されてはいない。ただし、「居場所」が個人的か社会的かという軸での分類、すなわち「個人的居場所」と「社会的居場所」の分類は、複数の研究において共通している要素であると言える。

4-2.「居場所」と精神的健康の関連に関する研究

序章において、「居場所」の有無がクライエントの心理的苦痛にかかわることを述べたが、そのことの証左として、「居場所」と精神的健康の関連について扱った先行研究についても確認しておく。精神的健康との関連について扱ったものとしては、思春期の抑うつ感との関連を調べたもの（則定，2006b）や、大学生のアパシー傾向との関連を調べたもの（石本・倉澤，2009）、大学生の心理的well-being、自己有用感との関連を調べたもの（石本, 2010）、中学生の精神的健康との関連を調べたもの（杉本, 2010）、攻撃性との関連について扱ったもの（松木, 2013）、大学生の過剰適応との関連を扱ったもの（後藤・伊田, 2013）などがある。これらの研究においては、概して「居場所」があることと精神的に健康であることとの間に正の相関が見出されている。

またこのほかに、アイデンティティとの関連を調べたものがあり、これについては特に多く研究がなされている（小沢, 2000, 2002, 2003；堤, 2002；杉本・庄司, 2006a；高橋・米川, 2008；吉川・粟村, 2014）。小沢（2000, 2002, 2003）は、実存的視点からアイデンティティを捉えたとき、居場所があるということとアイデンティティが形成されていることは密接に関連していると述べている。杉本・庄司（2006a）も大学生の居場所環境*[13]の有無とアイデンティティの関連について実証的に検討し、どのような居場所環境をもつかが、アイデンティティの諸側面の確立度と関連していると述べている。他方、堤（2002）は、居場所がない感覚とアイデンティティの混乱の度合いとの関連を実証的に検討し、居場所がないという感覚の中核にはアイデンティティの混乱があると述べている。また、高橋・米川（2008）においても、アイデンティティの確立度と居場所感覚の関連を実証的に検討し、居場所がない状態がアイデンティティの確立度が低い状態を反映していることが示されている。これらの研究では、おおむね「居場所」があることが、アイデンティティの感覚の確立と関連していることが示されていると言える。

ただし、「居場所」の定義や、「居場所」があることに関する測定方法が、それぞれの研究で異なっている点に留意する必要がある。

4-3. 心理臨床領域における「居場所」の研究

本節においては、特に心理臨床の領域において「居場所」概念がどのように捉えられ、用いられてきたかについて検討する。

4-3-1. 心理療法事例研究における「居場所」概念

まず、心理療法の事例研究について概観する。それらには、事例の中で「居場所」という視点が何らかの形で登場しているものと、「居場所」概念をより事例理解の中心に据えているものとがある。

事例中に「居場所」という視点が登場するものとしては、田村（1996）や岡田（1998）、西村（2000）、矢幡（2003）、鈴木（2005）などがある。これらの研究においては、クライエントが「居場所がない」と訴えているもの（岡田，1998）、クライエントの苦痛や心理的課題に関して「居場所」という視点から考察したもの（田村，1996；西村，2000）、クライエントの心理療法過程について、「居場所」の観点から考察したもの（矢幡，2003；鈴木，2005）などに分けることができる。それぞれの内容としては、岡田（1998）は、「居場所がない」と訴える30代のクライエントとの精神療法過程について考察しているが、事例理解の力点は「居場所」に置かれているわけではない。境界例のクライエントとの心理療法を扱った田村（1996）においては、クライエントの所属する社会的組織に「居場所」という言葉が用いられており、その「居場所」は理想的な父母の代替物であると考察されている。西村（2000）においては、長期入院している重症心身障害患者が、家庭にいづらさを抱え、病院も内面や気持ちを表現する場とはなっていないことを「心の居場所」がない状態として捉えている。矢幡（2003）は、青年期のクライエントとの心理療法に関して、クライエントが安心していられる場を求める過程を、「居場所」を模索する過程として考察している。鈴木（2005）においても、30代のクライエントが安心できる場所を求める面接過程を、「居場所」の観点から考察している。

これらの研究においては、「居場所」の概念は、「安心していられるところ」「気持ちを表現できるところ」といった、ある程度の共通性をもって使用されていると言える。しかし、「居場所」は定義されてはおらず、その意味するところにも幅がある。また必ずしも「居場所」概念が事例理解の中核に据えられているわけではない。

一方、「居場所」を事例理解の鍵概念として用いている研究として、廣井（2000）や中原（2002）、富永・北山（2003）、徳田（2004）がある。廣井（2000）は、「居場所」があることを「自分自身でいられることが認められていると感じること」と定義し、非行少年の事例について、様々な場に同一化しようとするクライエントの動きを、居場所がない不安ゆえの過剰適応であると捉えている。そしてセラピストがクライエントの居場所のない不安を理解し、クライエントのありのままを受容しようとすることで、意識から締め出された非自己の部分をクライエントが意識することが可能となり、悩んだり葛藤したりすることが可能になると廣井（2000）は考察している。中原（2002）は、重症局所進行乳がん患者の受診遅延の理由について「居場所感」の観点から考察している。さらに、中原（2002）は、「居場所」の機能についても、「居場所感を充足し、依存や否定的感情などを安心して表明できるもの」だと述べている。富永・北山（2003）は、「居場所がない」と訴える青年期のクライエントとの心理療法について、面接を「居場所」の提供と捉える視点から考察している。徳田（2004）はスクールカウンセラーとしてかかわった中学生の事例について、藤竹（2000）の「人間的居場所」「社会的居場所」の概念を援用しつつ、「居場所さがし」という観点から考察している。徳田（2004）によれば、「居場所がない」「居場所がほしい」と訴える児童や生徒はまれではなく、その背景には「自己所属感・帰属感の希薄さ」「対人信頼感の希薄さ」「家族関係の希薄さ」「自己肯定感の希薄さ」といった課題があるとし、不登校のクライエントは「人間的居場所」さがしから、「社会的居場所」さがしへと進んでいくケースが多いと述べている。

このように、心理療法事例については「居場所」概念を用いて考察されているものがいくらか見受けられる。それらにおいては、必ずしも「居場所」の定義は同一ではなく、また「居場所」概念がどの程度事例理解の中核に据えられているかも異なっている。ただし、「安心できる場所」「自分らしくいられる場所」「ありのままでいられる場所」といった、これまでみてきた「居場所」の定義に共通する要素はおおむね含まれている。また、これらの心理療法事例は、対象とするクライエントは中学生から成人までと幅が広く、クライエントが抱える病理についてもそれぞれ異なっている。これは様々な病態において「居場所」が重要となることを示していると言える一方で、それぞれの病態で「居場所」がどのように重要となるのかについては明らかになっておらず、「居場所のなさ」と呼べる事態がいかなる事態なのかについても十分検討されているとは言い難い。

4-3-2. 心理臨床実践における先行研究

心理療法に限らず、心理臨床実践においても、例えば小川（2005）は、「居場所」

を「元気にいきいきと生活できるところ」として捉え、不登校の臨床について「居場所」と「ネットワーキング」という視点からスクールカウンセラーとして介入した事例を呈示している。松下（2001）は、統合失調症のクライエントにおける「居場所」の重要性を指摘し、物理的隔壁を用いて、体感的、視覚的な護りを確保することの重要性について指摘している。このほか、クライエントを「居場所」を失った状態として捉え、心理臨床実践を「居場所」の提供として捉えようとしている研究もある。村瀬ら（2000）は「居場所」を「心の拠り所となる物理的空間や対人関係、もしくはありのままの自分で安心していられる時間を包含するメタファー」として定義し、通所型中間施設を「居場所」として捉え、「居場所」を見失ったクライエントに「居場所」を提供し、クライエントの「育ち直し」を支える治療過程について考察している。なお、近年では、このような中間施設を「居場所」と呼称することが定着しつつある。例えば花嶋（2011, 2013）は、ひきこもり者が社会へつながっていくための中間施設を「居場所」として扱っているが、そこではもはや「居場所」の定義は論じられていない。

4-3-3.「居場所」概念を用いた心理臨床理論

他方、心理療法事例や心理臨床実践の事例について「居場所」の観点から考察しているのみならず、「居場所」の概念を用いて心理療法や心理臨床実践を理論化している研究もある。

妙木（2003, 2010）は、「居場所」という視点から心理療法について述べており、心理療法を、「心の居場所」を見出すための「仮の宿」であるとしている。妙木（2003, 2010）は、「心の居場所」は「安心する場所というだけでは不十分」であり、「自分らしくできる」ことが重要であると述べている。「心の居場所」を失い、心理療法の場を訪れるクライエントは、面接の中で、治療者との関係を通して「心の居場所」を見出していく。しかし、面接の場や治療関係それ自体がクライエントにとっての「居場所」となるのではない。なぜなら、治療関係はいつか終結せねばならず、クライエントの「心の居場所」が面接室や治療関係そのものであるならば、それは終結と同時に再び失われることになる。そのため、面接室や治療関係はあくまでも「仮の居場所」となるのである。心理療法の中でクライエントが見出す「居場所」は、「自分はどこにいても大丈夫」という感覚のことであり、「どこにいても大丈夫だと思えるようになったということは、自分が自分の居場所になったということ」だと理解される（妙木，2010）。

他方、本間（2006）は、不登校者やひきこもり者の「居場所」について、自己愛との関連から考察している。「居場所」を喪失し、自己愛の傷つきを体験している不登校者やひきこもり者に対するかかわりとして、まず彼らの存在が、「居場所」においてまるごと受容されなければならず、存在が受容され肯定されることで、傷ついていた彼らの自己愛が高まっていく（本間，2006）。こうした「居場所」の機能を本間（2006）は「存在－自己愛の場」として概念化している。そして、自己愛の傷つきが癒されるにつれて、不登校者やひきこもり者の、行為への意欲、つまり「すること」への意欲が高まる。実際の能動的行為の遂行に伴い、彼らは自己愛だけでなく、自尊心を高めていくことになる。こうした自尊心を高める居場所の機能は「遂行－自尊心の場」として概念化されている。これら「存在－自己愛の場」と「遂行－自尊心の場」は、前者から後者へと直線的に移行していくのではなく、個人において両者が行きつ戻りつする関係にある。「『遂行－自尊心の場』のプロセスには自己愛の傷つきがしばしば含まれることとなり、再び自己愛の修復、すなわち『存在－自己愛の場』へと引き戻されざるをえない」（本間，2006）のである。また、「存在－自己愛の場」と「遂行－自尊心の場」の両機能は、そこにいる他者と「語り合う」ことによって媒介されることが重要であるという。本間（2006）のこうした「居場所」に関する理論は、これまで焦点が当てられてこなかった「居場所」における個人の心理力動について、自己愛の観点から考察した点で意義があると言える。

5.「居場所」の定義をめぐる問題

前節において「居場所」に関係する先行研究を概観した。

「居場所」の定義をめぐっては、「安心できるところ」「自分らしくいられるところ」「ありのままでいられるところ」といった要素を含んだ定義が複数の研究においてなされている一方で、必ずしもその定義は統一されていない。また「居場所」

の分類についても、「個人的居場所」と「社会的居場所」に分類されることが多いとはいえ、分類軸に関しては複数の考え方が存在している。「居場所」の定義や分類がこれまで数多く試みられているにもかかわらず、統一的な見解が提出されることがいまだに困難であるのは、いかなる理由によるのだろうか。そこには、「居場所」という言葉、あるいは「居場所」概念の捉え難さの問題が存在していると考えられる。本節では、「居場所」概念の捉え難さが、どういった性質に起因するのかについて検討する。本書での「居場所」の扱いについて明確にするためには、これまでの定義や分類を概観するだけでなく、この点について検討しておく必要がある。

5-1.「居場所」の主観性と客観性

「居場所」概念の捉え難さの問題として、第一に挙げられるのが、「居場所」という現象の主観性と客観性に関する問題である。住田(2003)が指摘しているように、「居場所」には主観的条件と客観的条件とが存在している。主観的条件とは、その場所にいる当の本人にとって、その場所が「居場所」として認識されうるかどうか、ということを指す。具体的にはどういうことだろうか。不登校児童・生徒を対象とした中間施設や、ひきこもり者を対象とした中間施設は、今日では一般的に「居場所」と呼称されていることは先に確認した。また、例えば精神科医療におけるデイ・ケアも、北岡(2011)がその「居場所」としての機能に触れているように、患者にとっての「居場所」となることを重視している側面がある。すなわち、これらの施設においては、利用者にとって、安心でき、自分らしくいられる場所として機能することが目指されている。しかし、こうした支援の場に通うことになった利用者のすべてが、その場所になじんでいけるわけではない。施設にうまくなじむことができ、そこが「居場所」となる利用者もいる一方で、いつまでも居心地の悪さが消えず、ついにはそうした施設に通うことをやめてしまう利用者もいる。つまり、どれだけ利用者にとっての「居場所」となることが目指されていても、利用者本人が、主観的にその場を「居場所」であると体験しなければ、それは本人にとっての「居場所」とはならない。その場所が「居場所」であるかどうかは、最終的には個人の主観に委ねられている。これが「居場所」の主観性の問題である。

しかし、個人の主観性によって、「居場所」の成否が決まるといっても、客観的条件をまったく考慮しないわけにもいかないところに、「居場所」概念の扱いの難しさがある。住田（2003）は「居場所」の客観的条件として関係性と空間性を挙げている。関係性はその場を構成する他者との関係性であり、この関係性のありようが、主観的条件を大きく規定する（住田，2003）。受容的な他者によって構成される場の方が、否定的な他者によって構成される場に比べて「居場所」と実感されやすいのは当然と言える。また、空間性に関しても、建築学の領域における「居場所」の研究が示しているように、空間や場所の物理的性質が、その場にいる人の心理に影響を与え、「居場所」の成立にかかわる側面は確かにある。安心や、居心地の良さという要素には、どうしても環境の物理的な要因が関係する面があり、その側面を完全に捨象するわけにはいかない。このことには、「いる」ということが、もともとは「座る」といった身体性を伴う事態であることが関係していると言える。

つまり、「居場所」は個人の主観性によって決まるのだとしても、その主観的判断に影響を及ぼすものとしての客観的条件が確かにある。かといって客観的条件が主観的条件を絶対的に規定するわけではない[*14]。そこには主観的要素と客観的要素があり、日常的文脈で「居場所」と言うときには通常これらの区別や関係は問題にならないが、学術的文脈で「居場所」を定義しようとすると、この問題の困難が浮上する[*15]。

5–2.「居場所」の空間性と関係性

前節の主観性と客観性の議論と関連して考慮せねばならないことは、「居場所」における空間性と関係性の問題である。確かに、「居場所」と言われたときに、具体的な場所を思い浮かべることは少なくない。例えば、家の自室を「居場所」と表現するのは不自然ではない。このとき、「居場所」は自室という具体的・物理的な場所の形をとっている。しかし一方で、「居場所」は集団の形をとることもある。子どもや若者にとっては、友人や仲間の集団そのものが「居場所」として体験されたり、あるいは、その集団の中に「自分の居場所がある」という形で体験されたりする。このとき、「居場所」は必ずしも特定の物理的・具体的場所を指していないことは明らかである。その集団が形成される物理的空間はそのつど異なりうる。もちろん、学校の部活動など、その集団が形成される場所がある程度限定されているような場合は、その特定の場所がそのまま「居場所」と認識されることもあるが、集団との関係性において「居場所」が見出されるとき、その際の「居場所」は必ずしも具体的・物理的な特定の場所を意味せず、むしろ、他者との関係性の中に見出されると考える方が自然である。

こうした事実に鑑みれば、「居場所」とは具体的・物理的空間ないしは場所の形態をとることもあれば、そうでなく、他者との関係性の中に見出されることもあるのだと言える。こうした事情は、「居場所」について包括的に研究しようとする際の困難となる。

従来の研究が、こうした問題に対してとってきた解決策の一つが、「居場所」を分類することだったと言える。住田(2003)のように、「居場所」の客観的条件として関係性と空間性を設定し、それぞれが個人的か社会的か、という軸によって分類することは、その一例である。ただし、こうした分類という方法には、東(1999)が指摘するように、分類軸の妥当性の問題がつきまとう。その分類の視点が共有されなければ、際限なく「居場所」の分類が生み出され、細分化されていくことになる。

5-3. 日常語としての「居場所」

さらに、序章でも論じたが、「居場所」の定義の困難性には、それが日常語でもあるという事情がある。

「居場所」の語は、学術の領域を離れた、日常の生活の中で用いられる言葉であるがゆえに、それが使用される文脈は多岐にわたり、そのときどきの文脈ごとにその意味も異なりうる。日常語としての「居場所」は多義的であると言える。

日常語と学術的専門用語の関係について、土居(1994)は「日常語は初めに定義されて使われるものではなく、使われている中におのずとその意味がわかるものである。これに反して専門語は定義されて初めて使われる。次に、日常語はそれが使われるコンテクスト如何によって少しずつ意味が変化する。…(略)…これに反して専門語はその定義の中にコンテクストが組み込まれていて、その意味もコンテクストも原則として変わらない」と述べている。すなわち、日常語は文脈依存的であり、他方、専門語は、それが学術的に定義されているがゆえに、使用される文脈が限定され、意味も固定される。「居場所」を定義しようとする試みは、日常語で文脈依存的である「居場所」という言葉の文脈と意味とを固定しようとする試みであるとも言える。

もちろん、ハーバーマス(Habermas, J.)(1978/1982)が指摘するように、学術語の意味が日常語の領域に浸潤していく場合もある。心理学領野の学術語としては「無意識」や「トラウマ」といった語がまさにそうであり、これらの用語は「精確な使用規準と精密な概念的文脈がまた一部分失われ」(Habermas, 1978/1982)つつ、日常的に広く使用されるようになっている。したがって「居場所」の語について考えたときも、日常語としての「居場所」と学術的に定義された「居場所」の概念に交流が生じないわけではなく、学術的に定義された「居場所」の意味が、日常における「居場所」という語の使用に影響していくことも考えられる。

しかし、「居場所」の語に関しては、それがまず日常語として先にあったという点に、特殊性があるとも言える。そして、日常語の意味は通時的に変化しうる以上、日常語での「居場所」の語の使用と、学術的な領域での「居場所」の定義が乖離する可能性は常に存在する[*16]。そして、特に心理臨床実践においては、クライエントが「居場所がない」という日常語で自らの苦痛を訴える事実を考慮すれば、日常で使用される意味について考慮しないわけにはいかない。こうした点も居場所の定義を困難にしている一因だと考えられる。

5-4. 日常的文脈における「居場所」の表現

以下では、「安心でき、自分らしくいることができる場所」という、学術領域で共有されつつある「居場所」の定義に回収できない、日常での使用例を挙げる。ここに引用するのは、第3章において検討する調査における、ある協力者の語りである。調査の概要は、第3章において詳述するが、調査協力者が居心地が悪いと感じている所属集団での体験について調べる目的でなされたものであり、調査者は筆者である。調査協力者は大学に所属する20歳の女性であり、彼女が所属する運動系のクラブ活動の集団について、居心地の悪さを感じていた。その語りを以下に引用する（引用中の〈　〉の記号は、筆者の発言を示す）。

> そのクラブの人から私のキャラというか、私、結構いつもわざと笑ってるようにしてる。それは本心ではないんですけど、そのせいで、この人はいつもそんなに深く物事を考えてないし、能天気だしって感じでみられて……。〈クラブの集団にいるとき？〉不安に近いですね。いつも頑張って、今ここでどういう行動をとればいいのかを必死で考えてます。相手が私に何を期待してるかなってことですけど、それ考えないと、それ裏切ってしまうと、失望されてしまうというか、居場所がなくなってしまうような不安はあります。…（略）…たまに、本音を強く出すと、クラブの人は距離を置くというか、離れていきますね 。〈距離を置かれたとき〉やっぱり本音を出しちゃだめなんだなって。…（略）…〈そのクラブにいるときの自分〉無理してる自分ですね。

彼女は所属しているクラブに居心地の悪さを感じている。周囲からの自分への期待を常に想像し、それに沿った行動をすることを心がけている。周囲の期待に反して彼女の本音を出すと、周囲のメンバーは彼女に失望し離れていき、クラブでの「居場所」がなくなってしまうのではないかという不安を彼女は抱いている。それゆえ、「居場所」を失わないために、彼女は本心を出さずいつも笑っているが、そのために周囲のメンバーからは「能天気な人間」として理解されている。

ここで着目したいのは、彼女の言う「居場所」の意味についてである。彼女は「居場所がなくなってしまうような不安」を語っている。つまり、このクラブに一応の「居場所」があるのだと彼女は体験している。しかし、語りの内容から明らかであるように、クラブの集団は彼女にとって安心できるような場所ではない。また、本心を隠し、無理をしていることから、彼女が、ありのまま、自分らしくこの集団にいられると感じられていないことも明らかである。つまり、彼女の言う「居場所」は、これまで「居場所」の定義として考えられてきた「安心できる場所」や「自分らしくいることができる場所」ではない[*17]。しかしながら、ここでの彼女の表現は日常的な文脈では違和感のない表現であり、「居場所」の本質的な意味合いを含んでいるようにも思われる*18。

ここに示したように、「居場所」とは、学術的な文脈においてはある程度の共通の意味合いが見出されつつあるが、日常的な文脈を考慮するとき、学術的に共有されつつある定義を超えて、多義的に使用される面がある。こうした日常性の側面をいかに考慮するか、という点は「居場所」の定義をめぐる困難の一つとして位置づけられると考えられる。

5-5. 日常性をいかに考慮するか

こうした日常語が学術的に探究された先例を、土居健郎が発見した「甘え」の概念に見ることができる。「甘え」の概念的定義をめぐっても、例えばTaketomo(1986)による批判が展開されている。こうした定義に関する批判に対し、土居(2000)は「甘え」の意味するところを明確にし、深化する努力はしつつも、「曖昧でも一向にかまわない」とし、「いろいろな意味合いを含めかつその全体に通じるある何ものかをさすものとして『甘え』を一つの概念として使うことに何ら支障があるとは思わない」「元来そうであるように含みのあるものとして使うならば、発見的(heuristic)概念として非常な威力を発揮する」と述べている。

「甘え」の概念には確かに曖昧さがあり、またそれゆえに日常の様々な現象を表しうる。それは日常語であるがゆえに多義的であり、定義を試みてもその定義からこぼれ落ちる日常的現象が常に存在している。しかし、そうした多義的な使用を許容することにこそ、臨床的有用性があるとも言える。土居が、「甘え」を、相手から愛されたいという依存の欲求を表すものであると考え、『「甘え」の構造』(土居, 1971)の中で「人間存在に本来つきものの分離の事実を否定し、分離の痛みを止揚しようとすること」と定義することを試みつつ、のちに「それをもって定義とすることには躊躇する」(土居, 2000)と述べているのはこのことと関連している。そして、Taketomo(1986)が「甘え」を改めて定義しようとすることに対して、「一般に使われている日常語の意味を一方的に定義しておいて、その定義にそぐわない用法を排することになり、これこそ言語道断」(土居, 2000)と論じている。

特に心理臨床実践を念頭に置いたとき、定義にそぐわない日常的な用法を排除しないことは重要である。なぜなら、それは第一にクライエントが日常的文脈で言葉を使用するからであり、セラピストには、その日常的意味、さらにはそのクライエント固有の意味を理解する態度が求められる。北山（1993）は、実践における言葉の意味について、「日常的な意味（ここに日本的な、国語的な意味も含まれる）」「教科書的意味」「患者にとっての個人的な意味（無意識的、意識的）」「治療者にとっての個性的な意味」「これからの臨床体験から学ぶ意味」という複数の領域があることを指摘して、これらの重要性には優先順位がないと述べている。こうした意味の領域があることを意識しつつ、日常的な意味を排除せずに議論をしていくことで、日常語は、「含みのあるものとして使うならば、発見的（heuristic）概念として非常な威力を発揮する」（土居, 2000）のである[*19]。

6.「居場所」概念に関する本書の姿勢

前節の「甘え」の定義に関する日常性の議論は、やはり日常語である「居場所」の定義に関しても適用される。したがって、本書では「居場所」の定義についても慎重にならざるを得ない。それは一つには、「居場所」の概念を検討しなおすという本書の目的によるものである。すなわち、本書は「居場所」の概念化の過程を検討するため、複数の定義が存在しうる「居場所」研究の現状を、そのまま事実として容認する必要がある。ここで本書のとるべき姿勢は、その中から特定の定義を選びとることではなく、そうした状態に至った要因の理解であり、それはすでに本章においてある程度検討されている。また一つには、心理臨床における「居場所」について検討していくという目的による。つまり、「甘え」の概念に関して土居（2000）が述べていることとパラレルに、「居場所」という言葉の多義性を許容することで、逆説的に臨床実践に資する可能性があるのである。

ただし、これから本書で扱おうとしている「居場所」について、これまで確認してきた先行研究で見出されている知見との関連を考慮しておくことは必要であろう。まず、先行研究、とりわけ心理臨床領域においても共有されつつある「安心でき、自分らしくいられる場所」という意味については、本書も「居場所」の意味として、これを否定するものではない。ただし、上述したように、この定義に含まれない日常的意味も、本書においては排除しない。したがって、本書では、「居場所」を「安心でき、自分らしくいられる場所」として基本的には捉えつつ、日常的多義性を含んだものとしても捉えていく。なお、先にも述べたように「自分らしく」という表現には曖昧さがあり、この点については、第4章において論じる。また、本書の今後の論考を通じて、ここで確認した要素を超える「居場所」の性質が見出されていくことは当然生じうる。

なお、本書においては「居場所」を他者との関係性や、逆に具体的な物理的場所に限定して捉える姿勢はとらず、これらを分類して論じることもしない。「居場所」の定義をめぐる困難について論じる中で、「居場所」の主観性と客観性は混淆しており、また客観性に関しても、具体的な場所であることもあれば、他者との関係性に見出されることもあり、そのどちらも否定することはできないことを確認した[*20]。こうした事実を考慮したとき、「居場所」は、主観的現象と客観的現象のどちらかに限定して捉えるのではなく、その間に成立する、中間に位置するものとして捉えることが事実に即している。すなわちそれは、「居場所」を一種のメタファーやイメージとして捉えていく姿勢である。村瀬ら（2000）は、「居場所」を「心の拠り所となる物理的空間や対人関係、もしくはありのままの自分で安心していられる時間を包含するメタファー」だとしているが、この「メタファー」という言葉は、ほかの研究における「居場所」の定義においては、必ずしも明示されていない要素である。しかし、「居場所」という現象を考えたときに、これは一つの本質的要素であると考えられる。

もちろん、「中間的なもの」という捉え方には曖昧さが生じる。しかし、例えば心理療法の中で、クライエントが面接室のことを「居場所」だと語ったとき、その場所の客観的条件、すなわち面接室の広さやソファなどの配置、セラピストとの物理的距離といった性質にのみ着目して「居場所」について語るのはナンセンスであり、他方で、クライエントに「居場所」の実感が生じるのはやはりセラピストとの関係が営まれる面接室という物理的空間においてであり、ほかの待合室などの空間ではないということを踏まえれば、この曖昧さは許容される必要がある[*21]。本書においては、こうした性質のものとして「居場所」を捉えることにしたい。

7. まとめ

本章においては、心理的次元の意味が含まれる「居場所」概念の形成過程として、従来から指摘されていた「不登校」問題との関連について検討した。すなわち、不登校が1970年代から1980年代にかけて大きく社会問題化する中で、不登校児童・生徒の保護者を中心に、フリースクールやフリースペースを設立する動きがあり、これが「居場所」の原型となった。加えて、「居場所」の語の意味や用例について、古語から検討したところ、フリースクール設立以前にも、「居場所」を心理的次元の意味で用いる例は存在したことが確認された。したがって、フリースクールを「居場所」と呼称するための歴史的・社会的文脈はそれ以前からすでにあったと考えられ、それが、不登校という社会問題をめぐる支援や対応の流れに伴い、今日の意味で広く用いられるようになったと考えられた。

続いて、先行研究について概観する中で、「居場所」の概念的定義が統一されていないことを確認しつつ、「安心できる場所」や「自分らしくいられる場所」といった要素は、複数の研究における定義で共通していることを確認した。また、「居場所」の分類に関する研究についても概観し、研究者によって分類軸の違いはあるが、社会的な他者との間で形成される「社会的居場所」と、必ずしも他者の存在を想定しない「個人的居場所」による分類が、いくつかの研究において共有されつつあることを確認した。さらに、心理臨床領域における先行研究についても概観し、「居場所」概念が心理臨床実践を理解する上で重要な概念として捉えられていることを確認した。

その上で、「居場所」を定義することの困難について、主観性と客観性、空間性と関係性、日常性の観点から検討を行った。「居場所」は、主観性と客観性の間に成立し、具体的な空間や場所の形をとることもあれば、関係性の中に見出されることもあり、日常的文脈においてはその意味するところが多義的であることを確認した。したがって、「居場所」のこのような性質に鑑み、「居場所」を主観的現象と客観的現象の間に位置する中間的なものであり、メタファーやイメージとして捉えることの重要性を指摘した。本書では、従来の研究で共有されつつある「安心でき、自分らしくいられる場所」という意味を「居場所」の基本的な意味としつつ、臨床的有用性を考慮し、日常的文脈における意味の揺らぎを許容する態度で「居場所」概念を扱うこととした。

このように、本章においては先行研究のレビューとともに「居場所」概念の成立過程について検討してきたが、十分に明らかにされていない側面がある。それは、「居場所」概念の形成にかかわる文化的要因についてであり、第2章ではこの点について検討する。

第2章

「居場所」概念と日本の文化的特性

1. はじめに

本章では、「居場所」概念と日本の文化的特性との関連について考察する。前章において「居場所」概念が形成される過程における社会的影響を確認した。すなわち、「居場所」の概念が今日のように、心理的な意味を伴う形で使用され、定着する経緯として、不登校の問題とそれに対する文部省の政策があった。しかし、それだけでは「居場所」概念の今日的な使用法の定着を説明する上で十分ではないと考えられる。

「居場所」については、それと同様の概念が海外にはないという指摘がある。杉本・庄司(2006b)は「日本で現在使用されているような、心理的側面を含めた意味での『居場所』は、言葉の概念自体がないために、研究は行われていない」と述べている。また則定(2008)も同様に、「『居場所』という言葉は、『place』『room』『whereabouts』といった語に訳されるが、これは身の置き所を指し示すもので、これ自体には心理的要素を含んでいない」と述べている。すなわち、心理的要素を含んだ今日的な用法での「居場所」の概念は、海外に同様のものがなく、日本独自である可能性が示唆されている。そうだとすれば、「居場所」が今日のように概念化される過程には、日本の独自の要因、すなわち日本の文化的特性が関与していることが予測される。しかし一方で、「居場所」概念が形成される背景となった不登校の問題については、その最初の報告がイギリスのブロードウィン(1932)によるものだったことから明らかなように、それ自体は日本に特有の現象ではない。本章ではこうした「居場所」の概念化に関する文化的特性の関与について検討する。

2.「居場所」の英語表現の問題

上で述べたように、「居場所」は、英語においては「place」や「room」、「whereabouts」が該当するが、「これは身の置き所を指し示すもので、これ自体には心理的要素を含んでいない」(則定，2008) とされている。

もちろん、日常語の水準で見れば、英語のplaceの用法には、「居場所」の今日的な意味と重なるところがある。それはplaceの前に所有格を伴う形で、例えば“I found my place.” という表現や、“I don’ t have my place.” といった表現においてである。これらを日本語に訳すならば、「居場所を見つけた」「居場所がない」とするのが適切であろう[*22]。「自分らしくいられる場所」という表現も、「place where I can be myself」と表現することは可能であるし、これはかなり日常的な表現である。ただし、「place」あるいは「one’ s place」の表現に、日本語の「居場所」とまったく同じ意味が含意されているとは言いきれない。仮に「place」を「居場所」と同様の概念として捉えるとしても、それが教育学や心理学の分野における重要な学術的概念として研究がなされているという今日の状況は、日本独自と言えるかもしれない。そして、「居場所」の概念は、心理学における他の多くの概念が主に西洋から取り入れてきたのとは違って、日本の中で概念化されてきた側面がある。その点で、少なくともその概念化の過程には、日本の文化的要因や歴史・社会的要因が関係していると言えるだろう。

このことと関連して、実際にこれまでの研究においても、「居場所」の英訳には、日本語の音をそのままローマ字表記した “Ibasho” あるいは “Ibasyo” が用いられており、その後に補足的説明がなされている場合が多い。さらに、その補足的説明も、研究者間で統一されているとは言い難い。これまでの研究における「居場所」の英訳で、補足説明がなされているものや、単に “Ibasho” あるいは “Ibasyo” 以外の訳があてられている主だったものを表1に示す。例えば杉本・庄司 (2006b, 2007) や堤 (2002) は、英語表記を「Ibasho (Existential Place)」としている。補足的説明であるExistential Placeを訳出するならば「存在に関する場所」ないしは「実存的場所」となるだろうか。ほかにも、「place of being」(岩井，2014) など、「居場所」という語に含まれる「いること (being)」という「存在」を表す要素を訳出しているものは見受けられる。他方、「personal space」（矢幡, 2003）や「a place of their own」（飯田ら, 2011）、「one' s own place」（花嶋, 2013）など、「その人の場所」「自分の場所」といった意味をあてているものもある。また、「sense of belonging」（中原, 2002）、「ibasho（sense of interpersonal rootedness）」（石本, 2010）、「Psychological Ibasho（Shelters）」（吉川・粟村, 2014）などは、それぞれの研究者が重視する「居場所」の機能が英語訳にあてられていると考えられる。

なお、第1章において、「居場所」の定義が「安心でき、自分らしくいられる場所」として共有されつつあることを確認した。これをそのまま英訳すれば、"a place where one can feel secure and be oneself（be one' s true self）" となるが、先行研究における「居場所」の英訳については、「安心」や「自分らしくいられる」といった表現が使用されているものはむしろ少ない。

居場所の英語表現をめぐるこうした状況は、心理的次元の意味が含まれた日本語の「居場所」という言葉を英語で表現することの困難さを示しているとも考えられる。

一方、「居場所」の海外文献としては、バンバとヘイト（Bamba & Haight, 2007）やハーレマンら（Herleman et al., 2008）があるが、「居場所」という語は何らかの英語に翻訳されるのではなく、やはり日本語の音をローマ字に直した "Ibasho" の表記が用いられている。バンバとヘイト（2007）は、「居場所」は字義どおりには「いどころ」を意味する

表1　先行研究における「居場所」の英訳

研究者名	日本語表記	英語表記
大沢（1995）	居場所	Ibasho (Free-Space)
堤（2002）		ibasho (existential place)
矢幡（2003）		personal space
小沢（2003）		Place in society
鈴木（2005）		a place of living
杉本・庄司（2007）		Ibasho (Existential Place)
豊田（2009）		Ibasyo (the person who eases one's mind)
田中禮子（2010）		a place to live
飯田ら（2011）		a place of their own
花嶋（2013）		one's own place
岩井（2014）		place of being
中原（2002）	居場所感	sense of belonging (Ibasyo)
西村（2000）	心の居場所	achieving peace of heart
石本（2010）	こころの居場所	ibasho (sense of interpersonal rootedness)
則定（2008）	心理的居場所	Ibasyo (one's psychological place)
光本・岡本（2010）		Psychological Ibasho (Shelters)
松木（2013）		psychological niche
吉川・粟村（2014）		ibasyo (one's psychological home place)

whereaboutsに翻訳されるとしつつ、藤竹（2000）と住田（2003）に依りながら「個人が幸福感、安心感、満足感、被受容感、帰属感、居心地の良さを感じる場所」と定義している[*23]。ハーレマンら（2008）においても、やはり"Ibasho"の語が用いられ、個人が日常で訪れる特定の場所において感じる心地良さや心理的安全の感覚とされている[*24]。このような事情を考慮すれば、心理的次元の意味が含まれた「居場所」という概念は、日本語に特有のものであると考えられる。ただし、海外において、これに相当する概念がないのかという点については、より詳細に吟味する必要がある。

3. 海外における不登校問題

前章において確認したように、「居場所」の概念が今日のような形で形成されるに至った経緯としては、不登校の問題があった。学校に行けない不登校の子どもは、「居場所がない」状態として捉えられ、そうした子どもの支援の場として設立されたフリースクールが「居場所」の原型となっていった。しかし、「不登校」は、その最初の報告がブロードウィン（1932）によるものであるように、日本に限った現象ではない。つまり、「不登校」の問題に対処する過程で、日本における「居場所」と同様の支援方法がとられている可能性は否定できない。それでは、海外における不登校の対応はどのようになっているのだろうか。

例えば、アメリカにおいては、不登校は子どもの教育を受ける権利が脅かされる事態として捉えられ、迅速に登校を開始させることが大人あるいは社会の義務だと考えられている（齊藤ら，2009）。すなわち、不登校は教育を受ける機会の喪失として捉えられている。また、実際に無断欠席が生じた場合には、それがドロップアウトや薬物乱用、犯罪へとつながっていく場合が少なくないことから、学校は学校教育事務所に報告し、場合により少年審判所までを含めて措置が講じられる。一方で、義務教育を修了する道として「ホームスクーリング」という制度が設けられており、学校に通わずとも義務教育を修了することが制度的に可能になっている（矢野，2002）。ドイツにおいてもそうした傾向があり、不登校になった子どもが、教育を受けるために再び学校に戻れるように支援する制度や、あるいは、社会的教育者と呼ばれる専門家が、家庭において子どもを教育する制度がある[*25]（渡邉・石田，2005）。また、そもそもドイツにおいて不登校が社会問題化してきたのは1990年代の半ば以降のことであり、日本で不登校が問題化する時期よりも遅い（荒木，2002）。

他方、アジアにおける事情は、上に挙げた西洋における事情ともまた異なっている。中国に関しては、霍（2006）は、「中国では、『厭学』（勉強嫌い、怠学）、『逃学』（学校をさぼる）、『輟学』（途中で退学する）、『失学』（貧困あるいは教育条件の不備などによる学齢児童が学校に行けない状態）のような言い方はあるが、日本で言われる『不登校』の概念に符合するものはない」と述べており、中国では心理的な要因で学校に行けないことが問題として取り上げられたことはないとしている。そして、中学生らを対象にした調査において、「欠席願望を持っていながら学校を休まず登校し、『不登校』に陥るまでには至っていない」と結論している。金（2002）は、「輟学」の要因として、特に農村部では貧困を挙げている。ただし都市部と農村部では事情が異なり、都市部においては「学校は行くもの」という意識が定着しているという。他方、韓国においては、過酷な受験競争からのドロップアウトとしての不登校の現象がある（橋元，2005）。こうした対応として、日本におけるフリースクールのような通所施設がないわけではなく、実際に、「居場所」の原型として取り上げられる、日本のフリースクールである「東京シューレ」と韓国の通所施設の間の交流も生じている（橋元，2005，2009，2012）。ただし、それらが「居場所」という日常的な言葉で捉えられているかどうかは定かではない。

このように、一言に不登校といっても、国ごとにその背景や、問題の捉え方、またその対応が異なると言える。つまり、不登校というあり方にも、その国の文化のありようが大きく関係している[*26]。したがって、不登校の現象が海外にみられるからといって必ずしも日本と同様の形でフリースクールが設立されているとは限らず、また、支援の眼目が「安心していられる」ことや「自分らしくいられる」ことであるとは限らない。このようにしてみると、日本において不登校の問題を背景に、「居場所」の概念が形成されてきたことには、日本の文化のありようや、文化的特性がかかわっていると考えられる。

4. 海外における類似概念の検討

前節においては、不登校の問題が海外においてもみられつつも、その問題の捉え方や支援、介入の方法は国ごとに異なり、その国の文化が反映されることを確認した。したがって、不登校の問題を契機として今日のような意味で広く用いられるようになった「居場所」の概念の形成過程には、日本の文化的特性がかかわっていると考えられる。

ただし、海外における類似の概念の有無については、さらに詳細に検討しておく必要がある。

序章と第1章において、「居場所」の意味するところが「安心できるところ」「自分らしくいられるところ」であることを確認した。このように、「安心」や「自分らしさ」ということは、人間にとって普遍的に重要なことがらであると言ってもよいが、そうしたことが保障される場所こそ、まさに心理療法がクライエントに提供を目指してきた空間ではないだろうか。だとすれば、当然、心理療法の文脈でこうした空間性について論じられてきたと考えられる。

例えば、ローエンフェルト(Lowenfeld, M.)の世界技法をもとに箱庭療法として発展させたカルフ(Kalff, D.)は、箱庭療法を実施するための治療空間について、治療者とクライエントの母子一体的な関係性を基盤にした「自由にして保護された空間」となることが重要だとしている(Kalff, 1966/1972)。「自由」ということが「自分らしく振る舞うこと」に対応し、「保護」が「安心」に対応すると考えれば、「居場所」の意味するところと重なると考えられる。

また、発達心理学の文脈では、エインズワース(Ainsworth, M. D. S.)やボウルビィ(Bowlby, J.)(1988/1993)により、「安全の基地(a secure base)」の概念が提唱されている。これは、子どもが外界を探索するための基点となるような、母親をはじめとする養育者との愛着関係を指す。ここには「自分らしく」といった要素はないが、基地という空間性を備えた用語であることから、「居場所」の概念と重なり合うところはあると考えられる。

また、第4章で詳細に扱うことになるが、ウィニコットが提唱した「抱える環境(holding environment)」の概念がある。抱える環境は、幼児期の絶対的依存の時期における母親のかかわり方を記述する概念であり、環境としての母親が、適切な育児により幼児の「本当の自己」が「いること」を保障するものである。「本当の自己」は、自我の強さの基盤になるものであり、いきいきとした実在感を伴う体験の核になる。この「抱える環境」の概念は、幼児期の母子関係から拡大されて使用される場合もある。例えばハイマン（Hayman, S.）（2012）は、学校を「抱える環境」として捉え、その機能を促進させるように学校心理士がはたらきかけていくことが、子どもの心理的な成長を促すことを論じている。今日の「居場所」の概念化の過程に、学校を子どもの「心の居場所」にするという文部省（1992）の政策がかかわっていることを考慮すれば、「居場所」の概念と「抱える環境」の概念にも、重なるところがあると考えられる。

これらは、「保護」や「安全」、「依存を抱える」という要素が含まれた空間性を記述する概念であるが、治療者とクライエントの関係、また母親と幼児の愛着関係という、他者との関係をその根幹に置いている概念である。一方で、「居場所」概念は、「社会的居場所」のように、他者との関係性が「居場所」として捉えられることはあるが、「個人的居場所」にみられるように、具体的な他者との関係を想定しない「居場所」もある。加えて、「居場所」があくまで日常的文脈で概念化されてきたのに対し、これらの概念は特定の論者により理論化されたものであるという点が異なっている。こうした点で、意味するところには重なりがみられつつも、概念の生まれてくる過程や、その射程が異なっていると言える。

5. 日本の文化的特性

前節までで、「居場所」の概念に相当するものが、海外に存在するかどうかを検討してきた。もちろん、対象とした文化や言語はきわめて限定的であり、それゆえに、「居場所の概念に相当するものは海外に存在しない」と結論することは不可能であるが、いくつかの文化における不登校の捉え方や、また類似概念の検討を通じて、「居場所」の概念やその概念化の過程に関しては、日本の文化的特性が関与している可能性が高いと考えられた。本章では、以後そのことを措定した上で、「居場所」の概念と日本の文化的特性との関連について検討を試みたい。

第1章でも確認したように、「居場所」は、今日では「安心でき、自分らしくいることができる場所」という意味で捉えられている。その概念化の過程には、不登校児童・生徒への支援が関係しており、学校に行けなくなった子どもに対し、家庭以外で居られる場所としてのフリースクールが設立されはじめたことが、今日的な「居場所」の原型となっている。

不登校となり学校に行かなくなることは、所属する場の喪失であると言える。もちろん、学校に籍がある限り、形式的には所属していることになるが、当の子どもにとっては、そこに所属している他者との関係は絶たれているため、実質的な所属集団としては機能しない。通常、学校は子どもにとっては家庭に次いで比重の大きい場であるが、そうした場への所属を失うことだと捉えられる。

このとき、学校に行けない子どもに対して「居場所」を提供するということは、所属する場を失った子どもに、新たに所属する場を提供する側面がある。この所属する場を提供するという、日本においてなされた支援のあり方が、例えば教育を受ける権利の喪失として不登校を捉えるアメリカやドイツの傾向と異なることは先に述べた。こうした支援のあり方が日本独特であるとすれば、そこにはどのような文化的特性がかかわっているのだろうか。このとき、個人が「場」に所属するということの中に、すでにある種の日本の文化的特性が関与している。では、日本文化において「場」に所属するとはどういうことだろうか。

河合（1976）は、人間の心において対立する原理として、母性原理と父性原理を挙げている。母性原理とは「包含する」機能に象徴され、絶対的平等のもとにすべてのものを包み込もうとする。他方、父性原理は「切断する」ことがその特徴的機能である。この母性原理と父性原理は、それぞれが互いを補償するものであるが、ある文化圏においては、一方が他方に比して優勢であり、河合（1976）によれば、西洋が「父性原理」が優勢な文化であるのに対し、日本は「母性原理」が優勢な文化圏である。

母性原理の社会に備わっている倫理観は「場の倫理」と呼ばれ、与えられている場の平衡状態を維持することに高い価値を置く倫理観である。つまり、集団や組織が構成され、場が形成されたなら、その場を維持することが重視される。それゆえ、個人が場から飛び出すことや、自己主張をして場を乱すこと、場から出ることは、「場の倫理」に基づく社会では肯定されがたい。だから、場の内にいること、場に所属していることは重要であり、「場の外に出ることは死を意味する[*27]」(河合, 1976)。

場への所属は日本文化において重要であるが、それは日本社会が「場の倫理」に基づく社会であるという理由からだけではなく、日本人が「自分」を形成していく上でも、場に所属することは重要となる。場に所属するとは、端的に言えば、その集団や組織との間に関係をもつことである[*28]。この他者との関係が自己形成にとって重要となる。もちろん、自己の形成に関して、他者の存在が重要となるなどということは、当然すぎるほどの事実であり、改めて論じるまでもない。それゆえ、ここで問題となるのは、日本文化において、いかに重要となるのか、という点である。

この点に関して、「対人恐怖症」と「甘え」という、日本文化を特徴づける精神的現象に着目して検討したい。

6. 対人恐怖症からみる日本の文化的特性

対人恐怖あるいは対人恐怖症とは、「他人と同席する場面で、不当に強い不安と精神的緊張が生じ、そのため他人に軽蔑されるのではないか、他人に不快な感じを与えるのではないか、いやがられるのではないかと案じ、対人関係からできるだけ身を退こうとする神経症の一型」(笠原, 1993)である。対人恐怖症は、西洋に比べ、日本に多いとされており(近藤, 1985;小川・笠原, 1986;木村, 2005;河合, 2013a)、木村(2005)は「この症状が日本人に多いということのうちに、日本人一般の公共性との関わりかたの特徴が反映されている」と述べている。すなわち、それは日本の文化的特性を反映した神経症だと考えられている。

「他人と同席する場面」で、不安や緊張が生じる対人恐怖症であるが、どのような他者と相対しても一様に症状が生じるわけではない。症状には状況依存性があり、気心の知れた身内といるとき、あるいは、まったく見知らぬ他人と同じ空間に居合わせているだけのようなときには、その症状が出現しないが、それらの中間にあたるような中途半端な顔見知りの他者と同席する場面において、最も強く症状が出現する（木村，1983，2005；河合，2013a）[*29]。相対していても症状が出現しない身内や親しい友人、見知らぬ他者と、症状が強く出現する中途半端な顔見知りの他者の違いについて、木村（2005）は次のように述べている（括弧内は筆者による補足）。

> この中間的な対人状況とは、いわば患者が自分と相手との関係あるいは心理的距離を、さまざまな程度に意識せざるをえない状況だということができる。…（中略）…（症状の出現しにくい状況では）相手に対して、自らの主体性をことさらに自覚する必要がほとんどない。…（中略）…これに対して中途半端な顔見知りの他者との関係では、そこにもきわめて濃淡の差はあるけれど、ともかくも相手と出会うためには自己の主体性を「対自化」して、前面に押し出さなくてはならない。…（中略）…ここでは自己は否応なく公共の場に立たされる（木村，2005）。

つまり、対人恐怖症の症状が出現しやすい「中途半端な顔見知り」の他者と相対している状況とは、相手との関係性や心理的距離、自らの主体性ということを意識せねばならない公共性のある状況である。

気心の知れた間柄の他者や、見ず知らずの他者に対しては、通常我々は心理的距離や自らの主体性を意識することは少ない。例えば家族に対しては、自分がとる行動の一つひとつに、「これをしても許される関係だろうか」といったことを意識することは少ない。その関係性における自らの行為は、ほとんど無反省的になされる場合が多く、それゆえに行為主体としての自分も意識することはない。他方、見ず知らずの他人に対しては、例えば電車の席で隣に座った他人のように、同じ空間に居合わせてはいるが、そもそも（偶発的に言葉を交わすなどのことが起こらない限り）関係というものが生じていない[*30]。こうした関係や状況においては、公共的な「私」としての意識は立ち現れない。

これに対して、中間的な対人状況においては、個人は自らの内面に没入することもできず、かといって、相手との間に複数一人称的な、身内的な関係も構築することもできず（つまり、集団の主体性に埋没することもできず）、公共的な性質を備えた

「私」としてそこにあることが必要になる。公共的な「私」とは、相対する他者もやはり一つの「私」という主体であるという認識の相における「私」である。だから、主体としての他者に対する私の主体性も問われることになる。中間的な対人状況においては、「個と個の対決、主体と主体のぶつかりあいという、抜き差しならない事態が発生する」（木村，2005）のである。

こうした公共の場、すなわち公共的な「私」が問われる状況において、対人恐怖症の症状は出現する。それは、患者が中間的な人見知りに囲まれた状況において、純粋に私的な「私」としてあるべきか、公共的な「私」としてあるべきかの選択を迫られるからであり、この両義的な「私」の間の齟齬による苦痛が、身体や顔を媒介とした恥の感覚をはじめとする対人恐怖の症状を生む（木村，2005）。

それでは、このような対人恐怖症が日本文化に多いのは、いかなる理由によるのだろうか。このことに関して、木村（2005）は日本人の複数一人称の集団の形成しやすさを理由に挙げている。複数一人称の集団とは、身内や仲間内というように、「内」という表現に象徴される性質の集団であるが、こうした集団を日本人は形成しやすいのだという。そして、こうした集団においては、個人の主体性は集団の主体性に埋没する（木村，2005）。集団とは、本来公共的な場を形成しうるものであるが、それが日本においては容易に「内」化される。それゆえに、本来ならば公共的な「私」が立ち現れるべき場面において、個人の主体性は集団の主体性の中に埋没してしまう。だから、日本においては「個の主体性に裏打ちされた単独者としての『私』の意識も、各自の『私』のあいだで取り結ばれる公共的な間主観性／間主体性も、十分に発展しなかった」（木村，2005）のである。それゆえ、中間的な対人状況という公共的な「私」が問われる状況において、対人恐怖症という独特の神経症が生じることになった[*31]。

7. 日本文化における主体の捉え方

対人恐怖症という日本文化を代表する神経症の検討を通じて明らかになったことは、日本文化における個人と公共性の関係の特徴であり、さらに言えば、他者との関係性における「私」という主体のありように関しての文化的特性である。

日本文化における「私」と他者との関係性については、これまでにも様々に論じられている。例えば木村（1972）は、日本語と外国語における人称代名詞の違いに着目しながらこのことを論じている。英語では一人称の主体を指し示す言葉が「I」だけであるのに対し、日本語では、「私」「僕」「俺」など複数あり、さらに会話をしている相手との関係性や状況によって、同一人物でも使用される人称代名詞が変化する。このことを踏まえて木村（1972）は、「一人称代名詞が例えばアイの一語だけであるということは、自分というものが、いついかなる事情においても不変の一者としての自我でありつづけるということを意味している」のに対し、日本においては「個人が個人としてアイデンティファイされる前に、まず人間関係がある」としている。河合（2001）も「西洋の場合は、個の確立が優先」し、「その後で個人と個人の関係を確立しようとする」のに対し、日本は逆で、関係が優先され、その後個人の確立ということが問題にされると述べている。

文化におけるこうした他者との関係性における主体の捉え方は、文化心理学では「文化的自己観*32」として概念化されている（北山，1994；北山・唐澤，1995）。北山（1994）は、西洋文化で優勢な、「他から切り離されたもの」として自己を捉える「相互独立的自己観」と、日本をはじめとする東洋文化で優勢な、「他と根源的に結びついている」ものとして自己を捉える「相互協調的自己観」を区別している。したがって、日本文化における主体のありようは、他者との関係性によって規定される。対人関係と自己は不可分なのであり、それは広く関係の中にあるものとして自己を捉えるという点でもそうであるし、そのつど立ち上がる具体的な「私」の意識においても、例えば関係によって人称が違ってくるように、異なってくるのである。

8.「内と外」と「甘え」

これまで、日本文化における主体のありようと他者との関係性について論じる中で、日本文化においては、「身内」や「仲間内」という言葉に代表されるような、複数一人称的集団が形成されやすいということを確認した。こうした複数一人称的な集団は、日本においてはしばしば「身内」あるいは「内（ウチ）」として表現され、「外(ソト)」「他人」と対比的に語られる。そこには内から外へという同心円的な構造で対人関係を捉える視点がある。こうした「内」と「外」の関係性について、土居(1971)は、「甘え」との関連で論じている。

「甘え」とは、土居が日本語独自の言葉であることを発見したものである。第1章でも取り上げたように、日常語であるために厳密な定義は困難であるが、「依存欲求の意識・無意識両面での現れが『甘え』現象に他ならない」「現象的には甘えこそが依存欲求を代表する」(土居, 2000)としていることから、「甘え」とは主体の対象に対する依存の欲求を表す概念であると言える。そして、甘えは、基本的には、幼少期の母子関係に起源をもつ。つまりそれは、母親からの愛情を期待し、自らの依存を受け入れてもらいたいという子どもの情緒が原型となっている。

この幼少期の母子関係に端を発する「甘え」は、幼少期以後も日本人においては対人関係を特徴づけるものとなっている。土居(2000)は、「日本社会では甘えたいという欲求を表現することが社会的に許容されているということになろう。…(略)…日本社会においては親への依存性が育まれ、そしてこの行動パタンが社会構造にまで制度化されている」と述べている。すなわち、日本社会では、幼少期以後の社会生活における他者との関係でも、甘えが許容されており、「甘え」によって対人関係が構造化されている。それは具体的には、「甘えが自然に発生する親子の間柄は人情の世界、甘えを持ちこむことが許される関係は義理の世界、人情も義理も及ばない無縁の世界は他人の住むところ」(土居, 1971)といったように、「甘え」がどの程度許容される関係性かによって、他者との心理的距離が分類されているのである。

「内」と「外」、「身内」と「他人」ということについても、その区分には「甘え」がかかわっている。土居(1971)は、「甘え」の許容度と遠慮の有無を関連づけながら、「遠慮がない身内は文字通り内であるが、遠慮のある義理の関係は外である」と述べている。つまり、身内の関係は甘えが自然に許容される遠慮のない「内」の関係性であり、そうでない義理の関係は「外」となる。「しかしまた義理の関係や知人を内の者と見なし、それ以外の遠慮を働かす必要のない無縁の他人の世界を外と見なすこともある」(土居, 1971)とも述べているように、身内と対比すれば「外」であった義理の関係は、さらにその外側に他人の世界を置くことで、場合によって「内」となる。あるときには「外」の関係性だった他者が、別のときには「内」側の人間になるのである。だから、「甘え」の有無による「内」と「外」の区分は流動的でもある。

先の対人恐怖症の議論と接続するならば、症状が出現しない気心の知れた身内の間柄というのは、「内」であり、「甘え」が自然に許容される間柄であると言える。また、同じく症状が出現しない見ず知らずの他者は、「遠慮を働かす必要のない無縁の他人の世界」(土居, 1971)と言える。症状が強く出現する中間的な対人状況とは、いわばその中間の「義理」の間柄であり、甘えを持ち込むことが許されるが、しかしどの程度まで許容されるのかが必ずしも明確でない、そのような関係性と言うことができよう。したがって、「甘える」自分が強く意識されることになる。

そして「内と外」は、「本音と建前」「表と裏」と対応関係にある(土居, 1985)。つまり、「内」の関係性では自分の「本音」や「裏」が出せるのであり、「外」の関係性では「建前」や「表」で生きることになる。そのため、日本人の主体としてのありようが対人関係によって規定されるといっても、関係性が「内」と「外」の同心円的構造にあるため、関係性に依って規定される自分も「本音」の自分だったり「建前」の自分だったりする。この「内と外」「本音と建前」の二重性をこなしていくことが、日本文化においては必要となる。

他方、斎藤(2003)は「自分の属する職場、学校などを『ウチの』と呼び…(略)…身内意識がおよぶ『場』という枠組みによって、『ウチ』と『ソト』が決まる」と述べ、「日本人は、個人が社会的同一性を獲得する際、その所属する場に依存」すると述べている。すなわち、日本において個人に帰属意識を感じさせ、社会的同一性を支えるものとなるのは、この「内」の関係性である。

9.「内と外」からみた「居場所」

ここで再び「居場所」に戻ることにしよう。

「居場所」は「安心でき、自分らしくいられる場所」として概念化されてきた。それは、これまでの議論で言えば、「内」として体験されるような場であると言えるだろう。場が、所属する個人にとって安心できるものであるためには、個人がその場に依存できることは重要である。依存が受け入れられるという意味において、それは「甘え」が許容される場であり、「内」として体験されるような複数一人称的な場であると言えよう[*33]。そこでは同時に「本音」を出すことが可能となる。

実際に、この「内」と「外」という観点から「居場所」を検討している研究もある。中村（1999）は、「居場所の感覚が安定するためには、『ウチ－中間領域－ソト』という空間構造と、『自分－なじみのある他者－なじみのない他者』という対人構造とが、それぞれ対応していることが重要」であり、「ソトと明確に区別されてウチ化された中間領域は『居場所がある』として感じられる」と述べている。中村（1999）は、「居場所」と文化的特性との関連については言及していないが、「内」と「外」という区分を用いて居場所を説明している点は示唆的である。

学校は、家庭という身内の関係性と対比すれば「外」であるが、学校外の社会と対比すれば「内」となりうる。つまり、いわゆる中間的な場である。この中間的な場を、子どもは様々な程度に「内」化しながら適応していく必要があるが、不登校の子どもにとっては、この学校が「内」化されていないのは明らかである。それどころか家庭ですら、親の否定的なまなざしを子どもが意識するような場合、子どもにとっては「甘え」が許容される「内」の領域として体験されない可能性がある。もちろん、これは不登校の原因というよりもむしろ結果として、ということであるが、子どもは「内」化された対人関係の場を喪失することになる。そして、こうした関係性の場を喪失することは、関係に依って主体としての同一性を形成していく日本においては、そのまま自己形成の危機となる。

不登校の子どもの苦痛をこうした側面から捉えるとき、「内」となるような「居場所」の提供が目指されることは、これまでみてきた日本の文化的特性からみれば、必然的なことであるようにも思える。

10. 歴史・社会的要因

文化的要因を考慮する上では、上述した内容に加えて、歴史的な要因も考慮に入れる必要がある。すなわち、「居場所」という概念が生まれてくることになったことに関する、日本文化の歴史的な変化の影響である。

「居場所」の原型となったフリースクールが設立されはじめたのは1980年代である。以降、「居場所」は「安心でき、自分らしくいられる場所」という意味で用いられるようになっていったが、「自分らしさ」や「ありのままの自分」「本当の自分」といった言葉は、「自分探し」という言葉と関連がある。佐々木（2001）は、「自分探し」が1990年代後半には教育政策においてもキーワードとして扱われるようになったことを指摘しつつ、「『自分探し』は、今や若者に限らず、全世代的な、もしくは時代的なキーワードとなった感がある」と述べ、「『自分探し』という行動の中で重要なキーワードとなるものに『自分らしさ』がある」としている。つまり、「居場所」ということの重要な要素である「自分らしさ」や「本当の自分」という概念もまた、少なくとも日本社会においては、近年になって重要性を増してきたものであり、その意味で歴史的なものである。

河合（2002）は、この流行している「自分探し」が比較的新しい傾向であることを指摘し、その背景に「西洋近代に成立した個人主義があることを認めねばならない」と述べている。明治以降、西洋文化を取り入れるに伴い、日本人は近代的な自我を自らも確立しようとしてきた。その結果、個人や「私」が重視されるようになり、他方でそれまで個人を支えるものだった様々な社会的な価値が失墜し、価値観が多様化する中で、「自分探し」が求められるようになった。

しかし、「自分探し」の対象となる「本当の自分」や「自分らしさ」は、「居場所」という、比喩的な「場所」に依存する形で見出されることになる。「場所」は、中村（2001）が指摘するように、主体の成立の基体となるものであるが、近代的自我を確立する上では顧みられなくなったものである。すなわち、共同体や環境ないしは無意識に代表される「場所」に依らない主体のありようが近代的自我であるとすれば、「居場所」の概念化は、「自分」という主体成立の根拠を再び「場所」との関連に見出そうとする傾向とも捉えられるのではないか。河合（2002）は日本人の「自分探し」に関して、西洋の個人主義の基盤となったキリスト教を支えにもたない日本人が果たしてどのような自分探しが可能なのか、という危惧をのぞかせ、日本人には日本人の自分探しのありようがあるのではないかと述べているが、結局それは、日本においては古来、主体と密接なかかわりのあった「場所」

を支えになされたとも言えるかもしれない。

11. まとめ

本章では「居場所」の概念を、その成立の過程において日本の文化的特性が関係しているものであると捉え、対人恐怖症の状況依存性や「甘え」の概念から取り出される日本人の文化的特性と「居場所」の関係について論じた。

日本においては、「自分」という主体のありようは、他者との関係性に依存しており、それは文化心理学においては「相互協調的自己観」としても概念化されている。他方、日本における対人関係は、依存欲求である「甘え」によって構造化されている。すなわち、「甘え」の許容される「内」と許容されない「外」の関係性があり、日本文化に生きる個人が「自分」を確立し、その社会的同一性を形成していく上では、「内」という関係性の場に所属していることが重要となる。

不登校とは、こうした「自分」を形成していくための「場」の喪失であると捉えられる。それゆえに、日本においては、教育の機会の喪失と捉えられる以上に、「場」の喪失と捉えられ、「内」的な関係性、すなわち、依存が許容されながら、「本音」の自分でいることができる「居場所」が提供されることになったと考えられる。

さらに、歴史的な観点からは、近代以降、日本人は、西洋文化の流入の中で、近代的主体を確立しようとしてきた。それは「自分探し」という社会現象にもみることができるが、逆説的に、日本文化においては、「本当の自分」は「居場所」という場に依存する形で見出されることになったとも考えられた。

最後に、一点ここで触れておかねばならないことは、本章での議論の手がかりとした、対人恐怖症の今日的な状況についてである。対人恐怖症については、今日、その症状の変化が指摘されたり（鍋田，1997）、対人恐怖症者の減少が指摘されている（例えば、河合，2010；田中，2013）。こうした事情には、日本の文化・社会状況の現代的変化が関係していると考えられている。文化・社会状況の変化があることを考慮すれば、当然その文化・社会状況の中で生成されてきた「居場所」の概念についても、何らかの変化が生じている可能性がある。この点については、第6章で論じることとしたい。

第 II 部

心理臨床における「居場所」の諸相

第Ⅱ部においては、心理臨床における「居場所」の諸相について検討を行う。すなわち、「居場所」という視角は、いかなる心理臨床的事象に焦点を当てることになるのか、また、それが心理療法や心理臨床実践においていかなる意義を有するのか、ということについて論じられる。

第一に検討されるのは、「居場所」に関連する苦痛のありようである。心理療法や心理臨床実践においては、クライエントの心理的苦痛がその根幹にある。河合（1992）が心理療法を「悩みや問題の解決のために来談した人に対して、専門的な訓練を受けた者が、主として心理的な接近法によって、可能な限り来談者の全存在に対する配慮をもちつつ、来談者が人生の過程を発見的に歩むのを援助すること」としているように、「悩みや問題」といった、クライエントの苦痛は、クライエントが心理療法を訪れる動機になる。もちろん、だからといって、その苦痛の除去が心理療法の目的となるわけではない。「人生の過程を発見的に歩む」という表現に端的に示されているように、心理療法の過程では、クライエントが自らの心についての理解を深め、その個別的な生を自ら主体的に引き受け、歩んでいくことが目指される。その過程で、来談のきっかけだった心理的苦痛や症状は、消失することもあれば、クライエントが以前よりも抱えやすい形で残り続けることもある。したがって、心理的苦痛や症状は、単に消失が目指されるものではなく、それを通してクライエントの心についての理解が深められなければならない。

それでは、「居場所」ということに関連した心理的苦痛とはいかなるものか。それは端的に「居場所のなさ」と言えるものであるが、「居場所がない」という事態の意味するところは十分に明らかになっているとは言い難い。したがって、第3章においては、「居場所のなさ」が個人にとっていかなる心理的事態であるのかについて、個人の主観的体験に着目しながら検討する。

続いて論じられるのは、「居場所」と主体の問題である。心理臨床はクライエントの主体にかかわるものである。したがって、ここで扱われるのは「居場所」が主体とどのようにかかわるか、という点であり、とりわけ主体にとって重要な次元のことがらである、「いること」、身体、アイデンティティとの関連において、「居場所」が論じられることになる。

さらに、第5章においては、それまでの議論を踏まえた上で、心理臨床実践における「居場所」という視点の意義について論じられる。すなわち、ここでは「居場所」という視角が心理療法や心理臨床実践のいかなる側面を浮かび上がらせるのかという点について論じられることになる。

さらに第6章においては、「居場所」概念の今日用いられる現代的なコンテクストを確認することで、現代を生きる我々の心のありようについて検討される。その上で、心理療法がもつ意義について論じられる。

第3章
「居場所のなさ」について

1. はじめに

本章では、「居場所のなさ」について検討する。

これまでの章において、「居場所」に関する先行研究を概観し、概念の形成過程について、文化的特性との関連について検討してきた。そして、先行研究をレビューする中で、「居場所」が「安心でき、自分らしくいられる場所」として捉えられてきたことを確認した。

そうすると、「居場所のなさ」、あるいは「居場所がない」状態とは、この「安心でき、自分らしくいられる場所」が、当該の個人にない状態だと理解することが、ひとまずは可能である。しかし、心理臨床実践を念頭に置いたとき、その理解では不十分であることは明らかである。心理臨床実践においては、クライエントの苦痛を理解することが不可欠である。つまり、「居場所がある」状態の否定として「居場所のなさ」を考えるのではなく、「居場所のなさ」の苦痛の実態、そのときに個人に生じている苦痛がいかなるものであり、外界や他者がどのように体験されているのか、といったことを理解することが必要であろう。したがって、本章では「居場所のなさ」の実態を明らかにしていくことが目指される。

そしてまた、その試みは、「居場所」概念の理解に奥行きをもたらすと考えられる。というのも、個人の体験の水準で言えば、「居場所」ということを強く意識するのは、逆説的ではあるが「居場所がない」状態においてだと考えられるからである。北山(1993)は、「居場所とは、いつも失われてはじめて『ありがたさ』が分かるという類のものなのである」と述べており、「居場所」があるときには、個人に「居場所」の存在は意識されず、なくなってはじめてその存在が意識される性質を指摘している。萩原（2011）も同様に、「居場所それ自体が、安定した日常においては意識の後景に退いて、前意識レベルで支え、働いているからこそ、喪失という形によってしか意識し得ない」と述べている。

それが確保されているときには対象化されず意識の背景に退くことは、「居場所」の重要な性質である。したがって、「居場所」について理解を深めようとすれば、「居場所のなさ」について検討する必要がある。

2.「居場所のなさ」に関する先行研究

上述したように、「居場所」について検討する上では、「居場所のなさ」を扱うことが重要となる。しかしながら、これまで「居場所」について数多くの研究がなされている一方で、石本（2009）がどのような要因で「居場所がない」といった感覚をもつようになるのかについては明らかにされていないと指摘しているように、「居場所のなさ」については十分な研究がなされてきたとは言い難い。

大久保・青柳（2000）は、大学生を対象とした自由記述調査をもとに、「心理的居場所」を対人関係的概念と捉え、心理的居場所があるときを想定させたポジティブ尺度と心理的居場所がないときを想定させたネガティブ尺度を作成している。そして、ネガティブ尺度の因子として、「共感できない不適応感」「期待のなさ」「劣等感」「見知らぬ状況」の4因子構造を見出している。「共感できない不適応感」や「期待のなさ」といった因子は、他者に対する感覚や感情であり、「劣等感」は自分自身についての感覚であると言える。また「見知らぬ状況」という、場面状況についての感覚が抽出されている。堤（2002）は、「居場所がない」感覚を測定する質問紙尺度を作成し、「居場所がない」感覚の因子として、「自分が周りの人たちから疎外されているという感覚」を中心とした「対他的疎外感」と「自己にむけられた否定的な感覚」である「自己疎外感」を見出している。すなわち、堤（2002）においては、「居場所のなさ」の感覚は、他者との関係についての感覚と、自己自身についての感覚から構成されている。ただし、他者とのどのような関係がこうした感覚に結びつくかという点については、明らかにされていない。中村（1999）は、「居場所がある」と感じられる状況と「居場所がない」と感じられる状況との比較を行い、「居場所の感覚が安定するためには、『ウチ－中間領域－ソト』という空間構造と、『自分－なじみのある他者－なじみのない他者』という対人構造とが、それぞれ対応していることが重要である」と述べ、「なじみのない他者がウチ化された領域に侵入してくるとき、あるいは、自分が他者の領域（ソト）に放り出されるとき、空間の安全性は確保されなくなり、『居場所がある』という感覚は消失してしまう」としている。中村（1999）においては、「なじみ」という視点からみた対人構造と、「ウチ－中間領域－ソト」という空間構造の対応という観点から「居場所のなさ」について考察されている。則定（2006a）も、中村（1999）を参考に思春期の中学生を対象に調査を行い、対人状況と空間についての認知のありようが、「居場所がない」と感じることに影響していると述べている。

堤（2002）が「居場所のなさ」の感覚について扱っているのに対し、中村（1999）や則定（2006a）は「居場所のなさ」を感じる状況の構造について扱っているため、厳密に同じものについて扱っているわけではないが、共通しているのは他者との関係という対人関係的な要素であり、異なる点として、中村（1999）や則定（2006a）においては心理的な空間構造に着目がなされていることがある。ただし、堤（2002）においては、「居場所のなさ」の感覚が、他者とのどのような関係によって生じるのかという点は明らかにされておらず、中村（1999）や則定（2006a）においては、「居場所のなさ」に付随する感情については扱われていても、「居場所のなさ」が個人にとっていかなる心理的危機なのか、という点については十分に論じられているとは言い難い。

3.「居場所のなさ」と青年期課題

「居場所のなさ」が問題となりやすいのは、特に青年期であることが指摘されている。北山（1993）は「青年期とは甚だ社会的な要素の多い移行の時期」であり、急激な移行が個人においてなされるときには、「居場所」が失われやすいと述べている。富永・北山（2003）においても、青年期は他者からの自己の分立が重要になるがゆえに「居場所」のもちづらさがあると指摘されている。青年期は思春期から成人への移行の段階であり、個人にとって、これまで生きてきた過去とこれから生きようとする将来が、社会的な要素を伴って交錯し、他者との関係の中で改めて自己を定位する必要に迫られる段階である。そのような段階にあっては、これまであった「居場所」が失われたり、新たな「居場所」を得ることが困難だったりすると考えられる。

こうした青年期特有の「居場所」のもちづらさがある一方で、青年期的課題との関係においても「居場所」は重要となる。すなわち、青年期においては、個人はアイデンティティの形成という課題に取り組むのであるが、アイデンティティの形成と居場所の有無との間には関連があると考えられている。先行研究では、個人が居場所を有していることはアイデンティティの形成に寄与し（小沢，2000，2002，2003；杉本・庄司，2006a；吉川・粟村，2014）、逆に居場所がないことがアイデンティティの混乱と関連していることが指摘されている（堤，2002；高橋・米川，2008）。つまり、青年期の個人にとっては、アイデンティティの形成という青年期的課題を達成する上で、「居場所」の存在が重要となるにもかかわらず、あるいはそれゆえにこそ、「居場所」のもちづらさが問題となりやすいと言える。このような事情を考慮したとき、青年期における「居場所のなさ」について検討することには意義があると考えられよう。したがって、本章では、青年期における「居場所のなさ」について検討する。

もちろん、「居場所のなさ」は青年期に限定される現象ではない。「居場所」ということが論じられるきっかけとなった不登校は、青年期以前の学童期から始まる現象であるし、高齢者の「居場所」について論じた研究（例えば、三本松，2000）もある。「居場所」の概念がひろがりを見せて定着しつつある今日においては、人間の生涯にわたって重要となる概念であると言える。そして、それぞれの段階において特有の「居場所のもちづらさ」があると考えられる。その点で、本章では青年期に対象を限定しており、「居場所のなさ」を包括的に扱うことができているとは言い難い。しかし、心理臨床における「居場所」について扱う本書の目的に鑑みたとき、他者と自己の関係の問題が際立つ青年期における「居場所のなさ」を扱うことには意義があると考えられる。

4.「居場所のなさ」を扱う方法論

それでは、青年期の「居場所のなさ」について、どのように扱うのか。「居場所」という言葉の定義が数多くありえるのと同様に、「居場所のなさ」もまた広範な現象を表しうる。こうした「居場所のなさ」にどのようにアプローチすることが可能だろうか。

先行研究では、他者といる「居場所」を「社会的居場所」とし、一人でいる「居場所」を「個人的居場所」として分類する傾向があった。このとき、青年期における「居場所」のもちづらさが、他者からの自己の分立という青年期的課題と関連する（富永・北山, 2003）ことを踏まえれば、他者といる場が個人に「居場所」として感じられない状況について扱うことには意義があると考えられる。さらに、青年期におけるアイデンティティの形成では、親に代表される親密な他者のみならず、社会的な他者との関係が重要になると考えられる。本章においては、このような他者といる場として、特に集団に着目し、青年期の個人が所属している集団が、個人に主観的に「居場所」として感じられない状況について、実証的に研究を行う。

このとき、個人にとって集団が「居場所」として感じられない状況を「個人が集団において居心地の悪さを感じている」状況と捉え、そこにいる際に居心地が悪いと感じる集団（以下、「居心地の悪い集団」と略記）における個人の主観的な体験過程について明らかにすることを目的とする。すなわち、集団における居心地の悪さを「居場所のなさ」の具体的様態として捉え、そこでの個人の主観的な体験過程を明らかにすることによって、「居場所のなさ」について検討する。その際、集団の他者との関係が、個人にどのように体験されているかという点に着目する。

このとき、「居場所のなさ」を「居心地の悪さ」として捉えることの妥当性について検討しておく必要がある。まず、「居心地」という概念について明確にしておく。「居心地」とは、語義としては「ヰルココロモチ。居ル具合。又、スミゴコチ。ヰゴコロ」を指す（大槻, 1982)。続いて、「心地」とは「ココロモチ。気持チ。気分。心神」を指す（大槻, 1982)。したがって、「居心地」とは、個人が「いる」ときの「気持ち」や「気分」を意味する概念であり、「居心地が良い」「居心地が悪い」

というように、良い・悪いという軸で語られることを考慮すれば、個人が「いる」ということに関する快・不快の感覚であると言える。「集団における居心地」と言うとき、それは、個人が当該の集団に「いる」際の快・不快の感覚、すなわち、その集団に「いやすい」と感じているか、「いづらい」と感じているかを表しており、集団において居心地が悪い状況とは、その集団にいづらいと感じていることであると理解できる。他方、「居場所がない」という感覚について考えたとき、それはやはり個人が属している「場」に対する感覚であると言える。すなわち、個人はある場所に物理的にいたり、あるいはある組織に形式上は所属したりしているが、そこに自分がいることができる「場所」がないと感じている。このとき、個人がその集団や組織に「いづらさ」を感じているのは明白である。従来の研究においても「居場所」を「居心地」という観点から捉えようとしているものも少なくない（例えば、渡辺・小高，2006）。このように考えれば、「居心地の悪さ」という現象を「居場所のなさ」の具体的様態として捉えることは妥当であると考えられる。

以上の問題意識に基づき、本章では、「集団における居心地の悪さ」について、個人の主観的体験過程に焦点を当てながら検討を行う。居心地の悪い集団における、個人と他者との相互作用について扱う本研究においては、個人がおかれている文脈を踏まえた上で主観的体験について考察する質的研究法を用いて研究を行う。

5. 方法

5-1. 手続き

居心地の悪い集団における、青年期の個人の体験過程について明らかにするという目的を考慮し、居心地の悪い集団に現在所属している青年を対象に、半構造化面接を行った。事前に青年期大学生および大学院生を対象に質問紙を配布し、現在所属している集団をすべて挙げてもらい、その中から居心地の悪さを感じている集団を一つ選んでもらった。質問紙[*34]の配布はすべて筆者が行い、授業時間を利用して一斉に配布し、個別にも配布した。なお、質問紙の配布にあたっては、倫理的に問題がないことを確認するために、臨床心理学専攻の大学教員１名に、質問紙の内容について確認してもらった。

質問紙を配布した結果、P大学の複数の学部の大学生および大学院生92名（男性47名、女性45名）の回答を得た。92名の協力者のうち、居心地の悪い集団を挙げたのは37名（男性22名、女性15名）だった。居心地の悪い集団を挙げた協力者の中から、面接調査への承諾が得られた協力者に対し、半構造化面接を実施した。その結果、14名の青年期大学生および大学院生（男性7名、女性7名、平均年齢22.0歳、*SD*＝2.19）の協力を得た（表1）。協力者は授業や大学での活動に参加していること、および複数の集団に所属し、他者とのかかわりを維持していることから、適応状態にある非臨床群だと考えられた。

なお、集団に関しても若干の説明を行う必要がある。集団とは広義には複数の人の集まりを指すが、その種類には様々なものがある。例えばル・ボン（Le Bon, G.）が扱った、群衆と呼べるような秩序立たない大多数の人々の集まりを指すこともあれば、フロイト（1921/2006）が扱ったように、その中に指導者を置くような、教会や軍隊に代表される構造化された集団もある。集団心理療法の実践においては、小集団、中集団、大集団といった区分があるように、集団がどの程度の人数からなり、どの程度構造化されているのかといったことは、集団の心理力動を考える上で重要な要素である。しかし、本研究においては、集団の種別に依らない個人の主観的体験の側面について扱う目的で、集団の定義は「現在継続的にかかわりがあり、調査協力者が集団だと感じるもの」とし、集団の種別や規模によって調査協力者を限定することはしなかった。結果的には、表1に示したように、調査協力者の所属する集団は、アルバイトやゼミ、サークルといった集団が多く、数人の規模の集団から、20～30人の規模の集団が含まれることになった。

調査協力者に対する半構造化面接はすべて筆者が行った。なお、半構造化面接の実

表1　調査協力者一覧

	性別	年齢	所属集団数	居心地の悪い集団
A	女	22	8	アルバイト
B	男	25	6	アルバイト
C	女	23	11	ゼミ
D	女	19	4	サークル
E	男	20	8	サークル
F	男	23	8	ゼミ
G	男	23	6	アルバイト
H	女	20	5	部活動
I	女	20	6	サークル
J	男	22	13	所属学科
K	女	21	5	サークル
L	女	24	7	塾の友人
M	男	20	4	所属学部
N	男	26	5	研究会

施については、フリック（Flick, U.）（1995/2002）を参考にした。調査における倫理的配慮として、面接を開始する前に、答えたくない質問には答えなくてよいことや、いつでも面接を中止できる自由があることを説明した。面接においては、「当該集団はどの程度の人数で、どのくらいの頻度でその集団とかかわるか」といった周辺的な質問から始め、「その集団での居心地の悪さはどのようなものか」「集団の他者について感じること」「集団で自分が振る舞う際に感じること」「その集団にいるとき、どんな感覚がするか」といった、個人の主観的な感覚についての質問に移行した。面接内容は協力者の許可を得て録音され、後日筆者によって逐語化された。

5–2. 分析法

本章の調査においては、個人の主観的な体験を記述するために、質的研究法の一つであるグレイザーとストラウス（Glaser, B. G. & Strauss, A. L.）（1967/1996）によって提唱されたグラウンデッド・セオリー・アプローチ（Grounded Theory Approach）を木下（1999, 2003）が活用しやすいように改良した修正版グラウンデッド・セオリー・アプローチ（以下、M-GTAと略記）を用いた。M-GTAは、「人間と人間が直接的にやり取りをする社会的相互作用」（木下, 2003）を分析するのに適した方法であり、集団の他者とのかかわりの観点から居心地の悪い集団における個人の体験過程を検討する本章の目的に適していると考えられた。

M-GTAにおいては事前に分析テーマと分析焦点者を設定する。分析テーマとは「データをどのように解釈していくかという“角度”と方向性」（木下, 2003）を設定するものであり、これによりデータに密着した分析が可能となる。本研究においては「居心地の悪い集団において、個人がどのように集団の他者との関係を体験し、個人にどのような感覚が生じるか」を分析テーマとして設定した。分析焦点者とは「研究上対象として設定される人間」（木下, 2003）のことであり、データを解釈する際、研究対象者にとってはいかなる体験だったのかという視点をもつことが重要とされる。本研究では「現在所属している集団に居心地の悪さを感じている青年」を分析焦点者とした。

分析の具体的な手順として、①本研究の分析テーマ「居心地の悪い集団において、個人がどのように集団の他者との関係を体験し、個人にどのような感覚が生じるか」を意識しながら、逐語化されたデータを読み込んでいき、関連箇所を抽出した。抽出された関連箇所を一つの具体例とし、ほかの類似例をも説明できると考えられる概念を生成した。②概念生成においては、分析ワークシートを作成し、概念名、定義、バリエーション、理論的メモを記入した。③データの分析を進める過程で、順次新たな概念を生成した。④並行して、ほかの対象者のデータからも具体例を探し、バリエーションを増やしていき、バリエーションが少なければ、その概念は現象を説明する上で有効ではないと判断した。⑤生成した概念の完成度は、類似例の確認だけでなく対極例となるような具体例がないかについても検討することで、解釈が恣意的に偏る危険を防いだ。12名の分析を終えたところで新たな概念の生成がみられなくなり、理論的飽和化に達したと判断した。類似例と対極例の厳密な検討のため、さらに2名分の分析を行った。⑥このようにして生成された概念について、個々の概念同士の関係を検討し、関係図にしていった。⑦さらに、複数の概念の関係からなるカテゴリーを生成して分析結果をまとめ、結果図を作成した。

6. 結果

M-GTAによる分析の結果、「居心地の悪い集団において、個人がどのように集団の他者との関係を体験し、個人にどのような感覚が生じるか」について、11の概念と、5のカテゴリーからなる結果図が作成された(表2、図1)。なお、概念名は《　》、カテゴリーは【　】を用いて表した。また、(　)内のアルファベット表記は、表1で示した協力者に対応している。以下、個々の概念とカテゴリーについて詳述し、これらの概念とカテゴリーから説明されるプロセスを、ストーリーラインとして提示する。

6-1. 各カテゴリーと概念

以下では、M-GTAの結果生成されたカテゴリーと概念について、定義とバリエーションを呈示する。

表2　カテゴリーと概念

カテゴリー	概念	概念の定義
他者への非親和的印象	集団の他者の得体の知れなさ	集団の他者を得体の知れないものとして感じること
	集団の他者との異質性	集団を構成する多数の他者に対して、自分とは価値観や感性の異なる異質な存在であると感じること
	集団の他者への否定的印象	集団の他者や集団そのものに対して、否定的な印象を抱くこと
他者とのへだたり	評価者としての集団の他者	自分を評価する存在として集団の他者を感じ、注意を向けられていると主観的に体験すること
	集団の他者からの疎外感	自分を除く集団の他者の凝集性を感じ、入り込めない感じや、集団の他者との心理的距離を感じること
いることの揺らぎ	集団にいることの必然性のなさ	集団の他者と意味のある交流がなされていないと感じ、自分がいてもいなくても変わらない、いなくても問題ないと感じること
	集団での居場所がなくなる不安	集団から否定的に捉えられ、排除されることによって、集団にいられなくなるのではないかという不安を感じること
不快な自己感覚	不快な身体感覚	集団にいる際に、そわそわしたり、息が詰まったり、萎縮するといった不快な身体感覚が生じること
	自分らしくない感覚	集団にいるときの自分自身について、空虚感や非実在感を抱き、自分らしくないという感じを覚えること
回避的対処	集団の他者に合わせたあり方	集団から否定されないように、集団の他者に共有されている価値基準や、自分が他者から求められていることを想像し、それに従って振る舞おうとすること
	集団の他者とのかかわりの回避	集団の他者とかかわることによって生じるストレスや葛藤を回避したいという気持ちが生じること

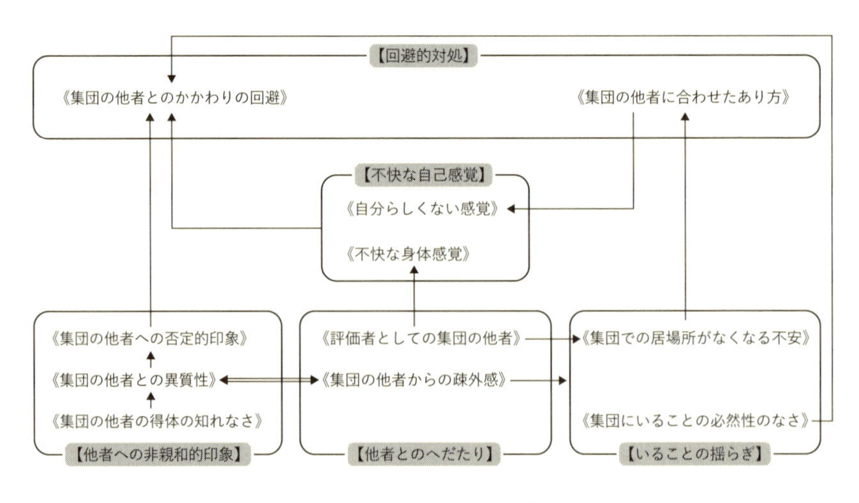

図1　M-GTA 分析結果図

6-1-1. カテゴリー【他者への非親和的印象】

本カテゴリーは、居心地の悪い集団において、個人が集団の他者に抱く非親和的な印象についての諸概念から構成されている。

概念《集団の他者の得体の知れなさ》は、「**集団の他者を得体の知れないものとして感じること**」と定義された。具体例：「一緒に働いている人の正体が分からないというか、大学生なのかフリーターなのか、年はいくつなのかとかも全然分からない中で働いていて、不安な感じとかがあって」(A)。「怖い。……裏があるとか思いますね」(H)。

概念《集団の他者との異質性》は「**集団を構成する多数の他者に対して、自分とは価値観や感性の異なる異質な存在であると感じること**」と定義された。具体例：「私が大事だと思うこととこの人たちが大事だと思うことは違うんだなぁと思った」(A)。「笑ってる内容が、僕とはまったく違う内容で笑ってたりするので、そこが感性が違うのかなとは思う」(M)。

概念《集団の他者への否定的印象》は、「**集団の他者や集団そのものに対して、否定的な印象を抱くこと**」と定義された。具体例：「裏では客に文句を言ってたり、心を込めてとか言ってるわりには動きが乱暴だったりとかしたので、矛盾を感じるというか、人間性がどうなんだろうとか思ったり」(A)。「視点が狭いというか。視野が狭いなって」(E)。

6-1-2. カテゴリー【他者とのへだたり】

本カテゴリーには、居心地の悪い集団における、他者と自分の心理的距離のある関係性についての概念から構成された。

概念《評価者としての集団の他者》は「**自分を評価する存在として集団の他者を感じ、注意を向けられていると主観的に体験すること**」と定義された。具体例：「自分がどうみられているかっていうのがすごい気になった……自分のまわりに鏡がばーってあって、常にみられる自分を意識してるって感じだった」(A)。「常に自分の挙動がみられてて評価されてるという意識があるので、気を抜いていい加減なことができない」(G)。

概念《集団の他者からの疎外感》は、「**自分を除く集団の他者の凝集性を感じ、**

入り込めない感じや、集団の他者との心理的距離を感じること」と定義された。具体例：「隣にゼミ生が座っていても、距離を置いてるような感じがする。ポツンと離れてるような。先生とほかのゼミ生で一つ。自分はあまりそれに参加していない。……溶け込めてないっていうか」(F)。「毎週転校生。集団に溶け込んでない集団成員。自分だけ浮いてる」(B)。

6-1-3. カテゴリー【いることの揺らぎ】

本カテゴリーは、当該集団に「いること」が個人にとって自明でなくなることに関連する概念から構成された。

概念《集団にいることの必然性のなさ》は、「**集団の他者と意味のある交流がなされていないと感じ、自分がいてもいなくても変わらない、いなくても問題ないと感じること**」と定義された。具体例：「自分がいなくてもサークルは動いていくんだなっていう感じですね。いてもいなくても、見てりゃいいんだなってくらいで」(I)。「たくさんいる中の一人というか、一つの駒というか、そんなに、絶対自分じゃなきゃだめっていうわけじゃないような気もして、同じくらいの能力の人がいれば代用というか、交換可能」(K)。

概念《集団での居場所がなくなる不安》は、「**集団から否定的に捉えられ、排除されることによって、集団にいられなくなるのではないかという不安を感じること**」と定義された。具体例：「相手が私に何を期待してるかなってことですけど、それ考えないと、それ裏切ってしまうと、失望されてしまうというか、居場所がなくなってしまうような不安はあります」(H)。「居場所がないわけではないけど、あるわけでもない。脅かされている。……役割自体が自分の居場所で、それが脅かされそう」(G)。

6-1-4. カテゴリー【不快な自己感覚】

本カテゴリーは、居心地の悪い集団において、個人が自分自身について体験する感覚に関する概念から構成された。

概念《不快な身体感覚》は「**集団にいる際に、そわそわしたり、息が詰まったり、萎縮するといった不快な身体感覚が生じること**」と定義された。具体例：「縮こまってる感じで、疲れていて、だるい。……体が中から重いというか、精神的なものからくる重さ」(A)。「首が動かなくて、硬い感じって言ったけど、ほんとにそんな感じで、目も動かせないし、それで頭が痛くなって、たまにあるんですけど、何かに押されてるような」(C)。

概念《自分らしくない感覚》は、「**集団にいるときの自分自身について、空虚感や非実在感を抱き、自分らしくないという感じを覚えること**」と定義された。具体例：「私は結構社交的って言われるタイプで、初対面の人ともわりと仲良く話ができるんですけど、バイトでは全然話しかけるとかも無理で、本来の自分ではないなと思いながらずっと仕事をしていて……自分ではないっていう感じ」(A)。「色んな感情とか、そういうのを全部シャットアウトしてるというか……面白いことを面白いともあまり感じないし、ロボットに近い感じ。無機質な感じというか、生きてる感じがしない」(F)。

6-1-5. カテゴリー【回避的対処】

本カテゴリーは、居心地の悪い集団において、個人が集団の他者とのかかわりを避けようとする、個人の振る舞いに関する概念から構成された。

概念《集団の他者に合わせたあり方》は「**集団から否定されないように、集団の他者に共有されている価値基準や、自分が他者から求められていることを想像し、それに従って振る舞おうとすること**」と定義された。具体例：「相手の様子をすごい見て、相手に合わせようとしてる自分。……何を求めてるかを分かろうとする」(B)。「このサークルでは自分はこういう立場でいなければならないんだって」(D)。

概念《集団の他者とのかかわりの回避》は、「**集団の他者とかかわることによって生じるストレスや葛藤を回避したいという気持ちが生じること**」と定義された。具体例：「あんまりこっちから積極的にかかわろうとは思えない」(K)。「この人たちとふれ合うのはちょっとめんどくさいなぁという感じがある。……ちょっと頑張ってた時期はありましたけど、やっぱりめんどくさい」(M)。

6-2. ストーリーライン

本章では、居心地の悪い集団における個人の主観的な体験過程について明らかにすることを目的とした。その際、特に個人が集団の他者との関係をどのように体験し、個人にどのような感覚が生じるかという点に着目することとした。分析によって生成された理論を、概念とカテゴリーを用いて説明する。

居心地の悪い集団における他者は、《集団の他者の得体の知れなさ》においてみられたように、居心地の悪さを感じている個人にとって得体の知れない不気味な存在として体験されている。そのような他者とふれ合う中で、個人は《集団の他者との異質性》として、自分のものとは異なる感性や価値観が、集団の他者に共有されていると認識する。自分とは異質な感性や価値観をもつ集団の他者について、《集団の他者への否定的印象》においてみられたように「人間性がどうなんだろう」と否定したり、「視野が狭い」と価値を下げたりして、ネガティブなものとして体験する場合もある（カテゴリー【他者への非親和的印象】）。

そして同時に、自分以外の集団の他者の凝集性を感じ、その輪の中に溶け込めていないという《集団の他者からの疎外感》を抱く。このとき、個人には、自分を除いて凝集する集団の他者に共有されているものが、自分が異質性を感じる感性や価値観であると体験される。すなわち、疎外感ゆえに異質性が際立ち、異質性が際立つことによってさらに疎外感が強まるというように、《集団の他者との異質性》と《集団の他者からの疎外感》は相互に強化し合う関係にあると考えられる。一方で、《評価者としての集団の他者》においてみられたように、個人は集団の他者から注意を向けられ、自分の振る舞いを評価されていると体験する。このように、居心地の悪い集団においては、個人は集団の他者との関係を、疎外され注視される関係であると体験する（カテゴリー【他者とのへだたり】）。

《集団の他者からの疎外感》を抱くことにより、個人は、集団が、自分以外の成員でまとまって機能しており、自分は集団から必要とされておらず、いてもいなくてもよい存在であると体験する。つまり、個人は《集団にいることの必然性のなさ》を感じる。さらに《評価者としての集団の他者》に否定的に評価され、排除されることで、集団にいられなくなるのではないかという《集団での居場所がなくなる不安》を感じる場合もある。このように《集団にいることの必然性のなさ》や《集団での居場所がなくなる不安》を伴って、個人がその集団に【いることの揺らぎ】が生じる。

《集団にいることの必然性のなさ》を感じた個人には、《集団の他者とのかかわりの回避》においてみられるように、集団とのかかわりを避けようとする気持ちが生じる。一方で、《集団での居場所がなくなる不安》を抱いた個人が集団に留まろうとする場合、個人は《集団の他者に合わせたあり方》で振る舞おうとする。すなわち、《評価者としての集団の他者》から否定され排除されないように、集団において共有されている価値観や感性に合わせて振る舞ったり、他者から求められるあり方を想像し、そのとおりに振る舞ったりすることで、集団に留まろうとする。これらは集団の他者との対人的な葛藤を避けようとする【回避的対処】であると考えられる。

《集団の他者に合わせたあり方》は、個人が、自分自身の本来のあり方とは異質だと感じるあり方であり、個人は「いきいきとしていない」「自分らしくない」という感覚を抱く。《集団にいることの必然性のなさ》も、他ならぬ私として集団から必要とされているわけではないという点において、個人には自分の存在の固有性が実感されず、集団の他者とのリアリティのある交流は達成されていない。これらを通じて、個人は自身について、《自分らしくない感覚》を抱くようになる。また、《集団の他者からの疎外感》や《集団での居場所がなくなる不安》を抱き、《評価者としての集団の他者》から自身の振る舞いがみられているという体験は、個人の身体感覚の次元においても、「そわそわする」「息が詰まる」「身体が硬い」といった《不快な身体感覚》として体験される。すなわち、居心地の悪い集団において、個人は、身体的な感覚を含めて、【不快な自己感覚】を体験する。

このような《自分らしくない感覚》や《不快な身体感覚》によって構成される【不快な自己感覚】は、個人にとって苦痛なものであり、この苦痛を回避するため、《集団の他者とのかかわりの回避》に至る場合もある。

7. 考察

7-1. 生成されたカテゴリーに関する検討

M-GTAの結果、11の概念と5のカテゴリーが生成された。これらのカテゴリーについて、先行研究の知見との関連を検討する。

【他者への非親和的印象】は、先行研究における「共感できない不適応感」（大久保・青柳，2000）や、中村（1999）の「なじみのない他者」と重なると考えられる。また、【他者とのへだたり】は「対他的疎外感」（堤，2002）と共通している。

【不快な自己感覚】は、否定的な感覚であるという点で、「劣等感」（大久保・青柳，2000）や、「自己疎外感」（堤，2002）と重なるが、カテゴリーを形成する概念は《不快な身体感覚》と《自分らしくない感覚》であり、完全に重なるわけではない。特に本研究では《不快な身体感覚》という、身体の水準での否定的感覚を抽出しているが、これは先行研究にはみられない点である。他方、大久保・青柳（2000）の「劣等感」にみられるように、集団の他者に比べ自分自身を劣っていると感じたり、引け目を感じたりする感覚は、そうした感覚を語る調査協力者もいたものの、M-GTAの分析において概念を形成するまでには至らなかった。その場を構成する他者との比較において自分自身に抱く感覚である「劣等感」は、本研究においては、【他者とのへだたり】のカテゴリーの中の《評価者としての集団の他者》と、【他者への非親和的印象】のカテゴリーの中の《集団の他者への否定的印象》とに分かれる形で抽出されたと考えられる。すなわち、「劣等感」が自他の比較において、他者の側を自分よりも優位で強大なものとみなし、自分を劣ったものとみなす感覚であるとすれば、自己の劣等性ではなく他者の強大さが、《評価者としての集団の他者》に反映され概念化されたと考えることができる。また、個人が集団の非親和的な他者との関係において何らかの感情を抱く場合においても、それが自己の劣等感として体験されるか、他者への否定的な印象として体験されるかは、他者との関係性や個人のパーソナリティにより左右されると考えられる。

カテゴリー【いることの揺らぎ】は、先行研究においては類似の因子は抽出されていない。【いることの揺らぎ】に相当する事象は、先行研究においては、例えば「自分が周りの人に必要とされていないと感じること」「自分がなぜそこにいるのかわからず戸惑っていると感じること」(堤, 2002) といった項目として、因子の下位項目に含まれていたものと考えられるが、本研究においては独立したカテゴリーとして生成された。「居場所」の元来の意味が、個人が「いる場所」であり、また、「居心地」という語が、個人が場に「いる」ときの快・不快の感覚であることを考慮すれば、「いること」に関する感覚が抽出されることは妥当であると考えられる。【回避的対処】のカテゴリーも、やはり先行研究においては見出されていないが、このカテゴリーは、主観的感覚ではなく行動の次元のカテゴリーであり、種々の感覚が生起した結果として個人がとりうる行動であると言える。このカテゴリーが抽出された理由は、本研究において、「居心地の悪さ」の体験過程という、プロセスに焦点を当てて分析したためだと考えられる。

以上から、本章で見出された「居場所のなさ」のプロセスは、概念やカテゴリーの水準において、先行研究における知見と一定の整合性があり、その点で妥当性があると考えられる。

7-2. 他者についての体験

集団の他者に関するカテゴリーとして、【他者への非親和的印象】と【他者とのへだたり】が生成された。特に、他者との関係において、「異質性」と「疎外感」が個人に体験されていることが特徴的であった。集団に属する個人が、自分以外の他者の凝集性を感じ、他者との心理的距離を意識するとき、自分の内にあるものとは異質のものが集団の中で共有されていて、それが成員を互いに結びつけていると体験される。すなわち、集団の他者に共有され、互いを結びつけている当のそのものが、自分にはなく、それゆえ他者との間で共有できるものがなく、集団に溶け込めないのだと個人は体験する。この異質性と疎外感は、先に述べたように相互循環的に強度を増していく関係であると考えられる。つまり、他者が自分とは異質なものを共有することで結びついていると認識することで必然的に個人は疎外されることになり、また自らが疎外されていると感じたときに、その理由を他者との異質性に求めることになるのである。

このとき、集団の他者との異質性が、感性や価値観の次元において強く体験されることは興味深い。青年期とは自己形成の時期であり（溝上, 2008）、特にアイデンティティの形成がその主要な課題となる（Erikson, 1959/2011）。これはいわば青年が社会へと出ていくにあたり、特定の価値基準を選択し内在化させていく過程であるとも言える。こうした自己形成の途上にある個人にとって、自身に内在化されつつある価値観や感性とは異質だと感じられるものが、自分を除く集団の多数の他者に共有され、自身が圧倒的にマイノリティとなる事態は、自らの価値観や感性が揺るがされ、無価値化される脅威となりうる。このとき、個人が集団の他者の価値観や感性に対し「視野が狭い」（E）、「人間性がどうなのか」（A）と否定的・攻撃的に捉えることは、個人に体験されている脅威の反映であると考えられる。すなわち、個人は自分が集団の他者に向ける否定的感情とまさに同じものを集団から向けられていると無意識では体験しているのではなかろうか。しかし一方で、自らにとっては異質な価値観や感性と出会うことは、決して否定的な意味のみをもつことではない。異質性を感じる集団の他者の価値観や感性は、「自分とは違う」という否定の形をもって、個人に内在化されつつある価値観や感性の輪郭を際立たせ、個人が「彼らとは異なるもの」としての自分を把握する契機となりうると考えられる。すなわち、集団の他者はこの点で、個人の自己を照らし出す一種の鏡の役割を果たすとも言える。

居心地の悪い集団において、個人は他者から注意を向けられ、「常に自分の挙動がみられてて評価されてるという意識がある」（G）と評価的にみられていると体験している。ここでは、自らを一方的に評価し否定しうる機能が集団の他者に担わされている。重要な点は、あくまでこれが個人の主観的な体験であり、実際に集団の他者が個人を注視していたり、個人の振る舞いについて評価していたりするとは限らない点である。すなわち、「みられている」「評価されている」という意識は、個人の投影に他ならない[*35]。

つまり、居心地の悪い集団における他者とは、心理的な距離の離れた異質な他者であり、かつ、自らを注視し批判しうる審判者としての他者として、個人に体験されている。

7-3.「いること」について

居心地の悪い集団における個人の体験のカテゴリーとして、【いることの揺らぎ】として見出された。このカテゴリーは、《集団にいることの必然性のなさ》《集団での居場所がなくなる不安》という二つの概念から構成される。

「いること」とは人の存在にかかわる言葉である。しかし、存在と言うとき、そこにはいくつかの次元の異なる相がある。例えば、知人から電話で「今どこにいるのか」と尋ねられ、「家にいる」と答えるような場合、これは世界の中での自分の物理的な所在について述べている。つまり、ここでは「いる」と言いつつも、実際には「どこにいるのか」という場所が問題となっており、自分がこの世界のいずれかの座標に位置を占めて存在していることは前提となっている。そして、この意味での「いること」には、身体的存在としての人間が物理的にいずれかの位置を占めて存在していること以上の意味はない。一方、例えば何らかの会合で、定められた時間・場所に複数の人が集まる場合に、まだその場に来ていない人を指して「誰々がいない」というような場合、これもやはりその物理的空間における個人の在・不在について述べられているが、それだけではなく、その場に不在のその人は、定まった時間に、その個人としてその場に「いること」が社会的役割として期待されている。つまり、ここでの「いること」は、この世界のいずれかの空間に特定の位置を占めて物理的に存在している以上の次元のことを指している。それは、ある関係性に基づいて形成される社会的な場において、その個人として参加していることについて述べている。

本章で問題となる「いること」、すなわち、個人が集団において居心地の悪さを感じたときに揺らぐような「いること」は、上述したものとは次元を異にする。このとき個人は、当然この世界の中に物理的な位置を占めて存在しており、集団が形成される場所に当の本人として参加もしている。それにもかかわらず、個人にとって「いること」は自明ではなくなっている。「自分がいなくてもサークルは動いていくんだなっていう感じですね。いてもいなくても、見てりゃいいんだなってくらいで」(I)という語りや、「たくさんいる中の一人というか、一つの駒というか、そんなに、絶対自分じゃなきゃだめっていうわけじゃないような気もして、同じくらいの能力の人がいれば代用というか、交換可能」(K)という語りに表れているように、ここで揺らいでいるのは、その個人が、固有の人格を備えた唯一無二の個人としてその場に存在しており、なおかつその個人のパーソナルなありようが集団において有機的に他者と関係しあい、その場に必要とされていると個人に実感されるような、個人の存在のありようの次元である。個人の実存的なあり方とも言える。概念《集団にいることの必然性のなさ》において問題となっているのは、この実存的な次元における「いること」であり、「自分は唯一無二の個別的な存在である」という個人の実存的感覚が、「いてもいなくてもいい」「交換可能」と体験されることで揺るがされている事態だと言える。

このような人間の個別的で実存的なあり方と、交換可能なあり方について、木村（1994）は、人間が身体的存在であることとの関連を指摘し、「身体を有することによって、生物は必然と偶然、イルとアル、個別と特殊の二重構造を生きなくてはならなくなる」と述べている。「アル」とは偶然性の領域に属する交換可能な形での存在のあり方であり、「イル」とは個別的で必然的な相のもとに存在することを意味する（木村，1994）。居心地の悪い集団において、個人が自分自身を「いてもいなくてもいい」「交換可能」な存在であると感じるとき、個人は実存の危機に瀕し、「その場に自分の物体的身体はあるが、他ならぬ私としてはいない」という形で、「いること」の虚構性に直面するのではないか。

また、【いることの揺らぎ】のカテゴリーには、概念《集団での居場所がなくなる不安》も見出されている。「相手からの期待を裏切ってしまうと、居場所がなくなるのではないか」（H）という語りに表れているように、《集団での居場所がなくなる不安》とは、《評価者としての集団の他者》から否定され排除されることで、集団にいられなくなるのではないかという不安である。すなわち集団の他者の期待や欲望を満たさないことで、自分が集団の他者にとってのネガティブな存在、悪い対象となってしまい、集団から攻撃され排除されてしまうことに関する不安である。河合（1976）が、場から排除されることは「死を意味する」と述べているように、集団という場から現実に排除されてしまうことは、「自分」の成立の基盤を脅かす事態とつながる、耐え難い事態である。こうした耐え難い不安にさらされた個人は、集団の他者の期待や欲望を自分が満たし、集団にとってのポジティブな存在になろうとすることで、不安に対処しようとするのではなかろうか。《集団の他者に合わせたあり方》を個人がとる背景には、このような力動が働いていると考えられる。《集団の他者に合わせたあり方》は個人に《自分らしくない感覚》を生じさせるが、このとき、自分らしく振る舞うことは集団の期待や欲求に沿わないことであり、集団にとっての悪いことだと個人に体験されていると考えられる。すなわち、個人の「自分らしさ」が、他者との関係において肯定されない悪いものだと個人に体験される事態が生じているのである。《集団での居場所がなくなる不安》とは、こうした構造による不安であると考えられる[*36]。

ただし、《集団にいることの必然性のなさ》や《集団での居場所がなくなる不安》といった【いることの揺らぎ】は、個人にとって否定的な面ばかりがあるのではないことに留意すべきである。【いることの揺らぎ】は、自分が交換不可能な個別性を備えた存在であるという感覚を揺るがす実存的な危機である。こうした自らの存在の自明性を端的に揺るがす事態として、例えば桑原（1994）は、二重身やドッペルゲンガーと呼ばれる現象をその例とする、「もう一人の私」（桑原，1994）の現象を挙げているが、それは危機であると同時に、「私」の存在の深みを垣間見させ、我々が自らの個性を生きることを可能にする契機となることを指摘している[*37]（桑原，1994）。自分という存在の自明性が揺らぐことは、自らの実存的ありようを問いなおし、アイデンティティを形成していく契機にもなる。

7-4. 自分自身についての感覚

居心地の悪い集団における個人の自分自身についての感覚として、《不快な身体感覚》と《自分らしくない感覚》からなる【不快な自己感覚】が生成された。

《不快な身体感覚》は、居心地の悪い集団において個人が身体の水準で感じる不快な感覚である。それは、身体がこわばったり、息が詰まったりして、自然に動作し振る舞うことができなくなるといった感覚である。この《不快な身体感覚》の生起には、《評価者としての集団の他者》からみられていると意識することがかかわっている。

他者からみられているという意識は、個人の主観的体験であり、客観的事実と一致するわけではない。しかし、個人の体験のレベルでは、他者から自分に意識を向けられ、みられていると感じている。他者からのまなざしが想像されているのである。このときに個人に意識されるのは、他者にまなざしを向けられ、把握される対象としての自分の身体、市川（1992）の言う「対他身体」である。そして、このときの他者との関係性は非対称的である。つまり、本来であれば、自分は他者からみられると同時に他者をみる存在でもあるのが、ここでは、集団の多数の他者からみられているという意識が先行し、自分も他者をみているという側面は意識されない。調査協力者Aの「自分のまわりに鏡がばーってあって、常にみられる自分を意識してるって感じだった」という語りが端的にこのことを表している。それは、例えば壇上でスピーチをするときに、フロアからの数多の視線を一身に受けるような事態である。壇上の自分が一人ひとりを見返すのは不可能であって、無数のまなざしに、たださらされるしかない。意識されるのはみられている自分のみである。このときに、壇上の自分にはスピーチを行う演者としての、決まった振る舞いしか許されない。萩原（2011）は、「居場所のなさ」について論じる中で、こうした他者からのまなざしによって、個人が一方的に規定されていくとき、「身体を開いて『私』を住み込ませていく場所を失っていく」と述べている。集団の他者からの無数の、肯定的とは限らない評価的なまなざしにさらされているとき、個人は自らの身体に「住み込む」ことができなくなり、身体水準の不快感が生じると考えられる。

しかし、他者からまなざしを向けられているとき、それは内海（2012, 2015）が述べるように「自分」という意識が立ち上がる瞬間でもある。個人的で私的な空間に一人でいるときには、私的な内面に没入しており、特別に注意を向けようとしない限り「自分」ということを意識することはほとんどない。「自分」が意識されるのは、他者との関係において「自分」という意識が立ち上がるときである。それは端的に、他者からまなざしを向けられる場面や、呼びかけられる場面においてである。したがって、居心地の悪さとは、集団の他者からまなざしを向けられると個人が体験することにより「自分」が立ち現れている状況でもある。問題は、その意識させられる「自分」が他者からの評価にさらされ、否定的に捉えられていると個人には感じられており、ぎこちなく振る舞うしかないということである。それゆえに、個人は他者からの承認を求め、《集団での居場所がなくなる不安》についての議論で確認したように、他者の要求を想像し、それに合わせて振る舞おうとする。

「生きてる感じがしない」(F)、「本来の自分ではない」(A) といった《自分らしくない感覚》は、こうした事態に関連していると考えられる。このような空虚さや非実在感を伴う自分は、ウィニコット (1965) の言う「偽りの自己」と通ずるものである。「偽りの自己」は個人が外的現実に適応するためには必要であるし、むしろ「偽りの自己」と対置される「本当の自己」こそ、北山 (1993) がその存在を「エスと同一視するなら、その実現不能性がはっきりする」と述べているように、個人が退行できるような、ごく限られた状況の中でしか実現されないものである。「自分らしくない自分」として集団にいることを、「表と裏」(土居, 1985) あるいは、「本音と建前」の適切な使い分けとして捉えるならば、やはり一つの適応の形としてみなすことができる。しかしウィニコット (1984/2005) が、青年期において「本物」であることを感じることが重要であると指摘しているように、青年期の自己形成においては「本当・本物である感じ」を体験することが重要となる。アイデンティティの形成においても、他者からみられている自分が本来の自分自身と一致していると個人に感じられることは重要である。こうした青年期的課題を考慮したとき、《自分らしくない感覚》はアイデンティティ形成や自己形成における危機として、苦痛を伴って個人に体験されると考えられる。

7-5. 回避的対処をめぐる葛藤

居心地の悪い集団においては、【他者への非親和的印象】や【他者とのへだたり】を起点に、【いることの揺らぎ】や【不快な自己感覚】が生じ、【回避的対処】へと向かうという体験過程が見出された。しかし、これらの過程は一方向的に進むものではないと考えられる。《集団の他者への否定的印象》から、即座に《集団の他者とのかかわりの回避》へ向かうプロセスがある一方で、「この人たちとふれ合うのはちょっとめんどくさいなぁという感じがある。……ちょっと頑張ってた時期はありましたけど、やっぱりめんどくさい」(M) という語りに表れているように、すぐに【回避的対処】をとるのではなく、居心地の悪さを改善しようと、集団に「頑張って」留まり続け、交流を続けていく場合がある。これは【いることの揺らぎ】や【不快な自己感覚】を抱えながら、集団に留まり続けるという葛藤的なプロセスである。個人がこれらの不安や葛藤を抱えながらも、居心地の悪さに対処し、《集団の他者に合わせたあり方》ではないあり方で、集団にいることができるようになることは、それ自体が個人の自己形成や変容にとって重要な意味をもつプロセスであると考えられる。

8.「居場所のなさ」からみた「居場所」

本章で見出された「居場所のなさ」から、個人にとっての「居場所」について改めて考えたい。すなわち、ある集団が個人にとって「居場所」として主観的に体験されるためには、いかなる条件が整えばよいのだろうか。

第一に、個人は集団の他者を非親和的な存在であると体験し、他者との間で異質性を強く感じている。この体験は、そのまま疎外感へとつながっている。このとき、個人に主観的に体験される「異質性」がいかに減じられるかが重要になると考えられる。他者との間で共有体験を積むことが重要であるが、この「異質性」が価値観や感性の次元で感じられているものであることを考慮すれば、その次元の共有が生じることが必要となろう。異質な他者との間に、共有できるものを見出せることは、居場所の感覚を支えると考えられる。

第二に、個人は集団の他者から、評価的・否定的なまなざしを向けられていると体験している。したがって、現実に他者から否定されないことは重要である。ただし、この他者からのまなざしは、個人の主観的な体験であり、集団に審判者としての役割が投影されている。そのため、現実に否定されないことだけでなく、「みられている」「否定的に評価されている」という個人の主観的体験に焦点が当てられ、扱われることも、場合によって必要となろう。

また、個人には「いることの揺らぎ」が生じている。それは、自分が集団にいる必然性を実感できないことと、集団の中での居場所がなくなる不安から構成されている。「いることの揺らぎ」は、一時的には「役割」を通して安定を得る場合がある。実際、役割があることは、居場所の重要な要因となることは先行研究でも指摘されている。固有の役割は、その役割を通して固有の関係を生み、集団の中での自らの存在の固有性を個人に実感させるところがある。ただし、「絶対自分じゃなきゃだめっていうわけじゃないような気もして、同じくらいの能力の人がいれば代用というか、交換可能」(K) という語りに端的に表れているように、役割は、本質的には個人の固有性に根ざしたものではない。そのため、役割を頼りに居場所を得ていた場合、役割の変化や喪失に伴い、居場所が失われる不安が生じ、役割に固執することになる*38。つまり、「役割」と居場所の関係は両義的であり、居場所を保障しもするが、役割との同一化が過剰になれば、役割の変化が居場所の実感を脅かすものにもなる。したがって、役割に依らず、個人の「いること」が保障される必要があるが、この点については次章で詳述する。

9. まとめ

本章では集団における居心地の悪さを「居場所のなさ」の具体的様態として捉え、調査を用いて検討した。M-GTA による分析の結果、集団における居心地の悪さが、集団の他者との相互作用のプロセスを経て生じる主観的体験であることが見出された。個人が居心地の悪さを感じる集団においては、他者を非親和的に体験しており、その他者から自分がみられ、評価されていると体験されている。それゆえ、個人は他者を異質な存在として捉え、同時に集団から疎外されていると感じる。こうした他者との関係性は、個人に【いることの揺らぎ】や【不快な自己感覚】を生じさせる。これらは身体感覚の次元においても体験される。本章の目的は、これまで十分にその意味が明らかにされてこなかった「居場所のなさ」について、それが個人にとっていかなる心理的事態であるかを検討することであった。本章での検討の結果、「居場所のなさ」とは、他者との非親和的関係を通して、「自分らしくない感覚」をはじめとする「不快な自己感覚」や「いることの揺らぎ」が個人に生じている事態として捉えることができると考えられる。また一方で、それは危機的状況であると同時に、青年期にあっては自らのアイデンティティを形成していく契機にもなるという、個人の実存にとっての肯定的な側面がある可能性についても指摘した。

したがって、他者とのかかわりにおいて体験される「居場所のなさ」には、個人に主観的に体験される他者との否定的な関係性と、自己に関する否定的な感覚が、重要な要素となっていることが考えられる。こうした要素は先行研究においても見出されていたが、本章では、質的研究法を用いることにより、「居場所のなさ」の体験が生じるダイナミクスを検討することが可能になったと言えよう。

一方、本章では集団における「居心地の悪さ」を扱ったが、十分に扱えなかった側面がある。それは、「いじめ」の現象に代表されるように、集団の他者から、特定の個人に対する排除や攻撃が現実に生じている事態における「居場所のなさ」の側面である。集団の他者から特定の個人への「排除の力学」（岡野, 2014）が現実に生じている集団は、個人にとって、場合によっては生死にかかわる危機が存在し、「安心でき、自分らしくいることができる場所」などではないのは明らかである。こうした排除が生じている集団は、ビオン（Bion, W. R.）（1961）の「闘争－逃走」の基底的想定が強く働いている集団であるとも言える。基底的想定は集団の無意識の原始的な力動であり、それゆえそれに基づいた攻撃や排除はしばしば苛烈になる。排除の対象は一面的に悪い存在に仕立てあげられ、攻撃する側には罪悪感が生じる余地はない。そこでは、排除の対象となっている個人が体験する他者のありようや、個人の苦痛は、単に「居心地の悪さ」を感じている状態とは相当に異なっている可能性があり、本章での知見をそのまま適用することはできない。

こうした集団から個人に対する現実的な攻撃や排除といった側面が抽出されなかった理由としては、本章で対象とした調査協力者が、大学に所属している青年であることが考えられる。例えば、いじめが最も生じやすいのは一般的に小学校高学年から中学生においてであり、その後は学年が上がるにつれ、いじめの件数は減少していく傾向にある。思春期を経て青年期にさしかかった大学生は、自我が発達し、倫理的感覚や社会的道徳をある程度そなえていると考えられ、これがいじめに類する集団的排除が生じることを抑制している可能性がある。また、仮にこうした排除の現象が生じていた場合、排除の対象となった個人はすでに集団を離れていることも考えられる。本研究で対象としたのは、「現在集団とかかわりをもっている個人」であるため、現実的な攻撃によって集団から離れた者は対象から外れることになったと考えられる。このような理由で、青年期の大学生を対象とした本章の調査においては、集団からの実際的な排除や攻撃といった概念が抽出されなかったと考えられ、こうした側面を考慮する必要が、今後の課題として残されたと言える。

加えて、本章の知見は非臨床群を対象として得られたものであり、臨床実践にどの程度応用可能かについては、今後の検討を要する。また、M-GTAの方法論的特性上、本章の知見は適用される範囲が限定されうるものであり、青年期の「居場所のなさ」を一般的に語りうるものでないことに留意する必要がある。さらに、本章では「居場所のなさ」という現象を相当に限定した形で扱ったことには留意しておく必要がある。所属集団において居心地の悪さを感じている個人を対象としたが、その人はあくまで当該の集団において居心地が悪いと感じているのであり、別の所属集団ではそうではない可能性がある。この場合、居心地の悪い集団においては「居場所がない」と言えるかもしれないが、生活全般にわたって「居場所がない」とは言い難い[*39]。つまり、複数ある所属集団の一つで「居場所のなさ」を感じている人と、どこにも「居場所がない」人の抱える苦痛は同質のものであるとは言えない可能性がある。しかし、いずれの状況も「居場所がない」と表現することが可能な点に、「居場所」という概念の捉え難さが表れているとも言える。そして、「居場所」を一種のメタファーであると捉えるならば、集団の中での「居場所のなさ」と、生活全般における「居場所のなさ」にはやはり共通する因子があると考えることもできる。ただし、この点についてはやはり慎重に扱う必要があろう。

第4章

「居場所」と「自分」

「いること」、身体、アイデンティティ

1. はじめに

これまで第1章、第2章で、「居場所」の先行研究および概念成立過程について確認する中で、「居場所」においては、安心でき、自分らしくいられることが重要な要素として捉えられていることを確認した。そして第3章においては、「居場所のなさ」を感じる際には「いること」の自明性が揺らぎ、「自分らしさ」の感覚が損なわれることをみた。それでは、自分という主体が「いること」や、「自分らしい自分」、いわゆる「本当の自分」と「居場所」の関係は、いかなるものであろうか。本章ではこの点について検討する。

2.「自分」という言葉をめぐって

なお、以下で「本当の自分」ということを論じるにあたって、「自分」という日本語に若干の説明が必要であると考えられる。日本語における「自分」とは、その言葉を使った本人のことを指す一人称代名詞であり、同じく一人称代名詞である「私」や、主体を意味する「自我」と重なるところがある。他方、やはりその人自身のことを指す「自己」という言葉とも重なりがある。「自分」をはじめ、その人自身や主体を意味する「自己」「自我」「私」といった言葉は、日常語であると同時に、主体の心を扱う心理学の根幹の概念でもある。それぞれの語が意味するところは、心理学においてはこれまで十分に整理されているとは言い難く（溝上, 1999）、用語間の差異について論じるだけでも膨大な紙幅が必要であり、ここで詳細に立ち入ることはできない。本節では、「自分」という言葉について、その

意味を確認しておくに留める。

土居(1971)は、「自分は私・僕・俺と並んで、一人称代名詞の一つと考えられるが、しかしただの一人称代名詞と異って、反省的にとらえられた自己の意識を暗示している」と述べている。また「自分」という言葉は、自己・自我のような抽象名詞とは異なり、一つの具体的意識を指し示しているとしている(土居, 2000)。すなわち、反省的に捉えられた自己意識という点と具体性をその特徴とすると述べている。

一方、木村(1972)は、土居(1971)の「反省的にとらえられた自己の意識を暗示している」という意味での「自分」について、西洋における不同に確立された恒常性をもった「自己」に意味合いが近いと批判している。木村(1972)は、「日本語の『自分』は、本来自己を越えたなにものかについてのそのつどの『自己の分け前』なのであって、恒常的同一性をもった実質ないし属性ではない」と述べ、「自分自身の外部に、具体的には自分と相手とのその間にそのつど見出され、そこからの『分け前』としてそのつど獲得されてくる現実性」であるとしている。なお、木村(1972)の言う「自分」は、自分と相手との「間」からそのつど見出されるものであるが、この「間」とは、木村においては、単なる関係性のことを言うのではない。それは、そこから個体的生命が析出されてくるような、生命そのものとでも呼ぶべき超越論的な概念である。

北山(2004)は「『自分』という言葉を、『身の程、分際、分限』という日本語では窮屈な意味から、私の心身と私でない者との接点で『自らの分』を主張する自己の存在感と自分の権利にまで拡大解釈したい」と述べ、「自立している感の強い『自己』に比べて『自分』とはいつも具体的なものであり、その具体的な成立と存在は場、居場所、座のようなもの、つまり『抱える環境』に左右される場合が多く、不動に確立された『自分』というものは少ない」(北山, 2003)と述べている。

「本当の自分」や「自分らしさ」という表現が可能となるためには、「本当」と「そうでないもの」、「自分らしい」ものと「自分らしくない」ものとを分けるための基準となる何らかの感覚やイメージが存在する必要がある。こうした、一種の客体として捉えられた「自分」は、土居(1971)の言うように、反省的に捉えられたものである。また、「自己」と言うと、その本人から遊離した抽象的・一般的な意味合いが強くなるのに対して、「自分」と言うと、その本人にとっての「自分」という意味合いが強くなる（北山，1993）。

他方、「自分がない」という表現を考慮したとき、これは日常的には、例えば自分の意志や意見を主張せず、人から言われたことに言われたとおりに従ってばかりいるような人物のことを指して「あの人は自分がない」と言うことが多い。このとき、「自分がない」という表現にみられる「自分」は、その個人の主体的なありよう、ないしは主体性を指している。木村（1972）が指摘している「自分」は、こうした「自分」の主体としての側面である。それは他者との間から、そのつど分け前として、「私」の側に立ち現れてくる主体としてのありようである。この「分け前」という捉え方は北山（2003）の「自らの分」という捉え方と共通するものであり、「その具体的な成立と存在は場、居場所、座のようなもの、つまり『抱える環境』に左右される」（北山，2003）。「自分」とは、そのつどの他者との具体的関係の中から、あるいはそのつどの「居場所」を得て成立するような主体のありようであって、この意味で「『自分』とはいつも具体的なもの」（北山，2003）なのである。

したがって「自分」をあえて定義しようとすると、「他者との具体的関係においてそのつど立ち現れる主体の意識であり、またそのありようが反省的に捉えられたもの」となる。こうした、本来は具体的である主体としての意識やありようを抽象化して述べるときに、自我や自己といった概念が用いられる。第2章において確認したように、西洋においては主体意識の具体性や状況依存性ということは考慮されず、主体は一貫した存在として捉えられる。他方、日本においてはその文化的背景から、主体のありようは、人称代名詞の使い分けに端的に示されているように、そのつどの関係性に左右されるという側面があり、「自分」とは、こうした日本人の主体のあり方を表現した言葉と言える。

3.「いること」の起源──ウィニコットを参照して

さて、主体の成立を考えたとき、それは他者との間で立ち現れてくるものであり、行為する主体である。しかし、主体は行為する前に、その主体が存在すること、すなわち「いること」が保障されている必要がある。前章において、居心地の悪い集団における個人の体験過程を検討する中で見出された「いることの揺らぎ」とは、こうした主体としての自分が「いること」が揺らぐという意味である。それでは、自分が「いること」とは、どのように捉えればよいだろうか。

「いること」について、その幼児期における発達的起源を論じたのはウィニコットである。ウィニコット(1971, 1987/1993)は、「すること(doing)」に対して「いること(being)[*40]」がまず保障されなければならないことを述べている。「すること」は、文字どおり行為することであり、行為主体である「自分」はすでに前提とされているが、そうした行為が可能となるためには、その前に、「自分」が「いること」が確立されていなければならない。以下では、ウィニコットの発達論を参照しながら、「いること」がどのように確立されていくのかを検討する[*41]。

3-1. 絶対的依存と抱えること

ウィニコットは、幼児期の発達を「依存(dependence)[*42]」の観点から論じている。それは「絶対的依存」「相対的依存」「独立に向かう」という三つの段階に分けられる。

生まれたばかりの最早期の幼児は、まったくの無力であり、母親をはじめとする養育者の育児に全面的に依存している。このとき、幼児は自分が依存しているという事実を認識することはなく、母親を対象として認識してもいない。この段階を、ウィニコットは「絶対的依存」の段階としている。

ウィニコットは幼児期の依存と育児を論じる上で、母親についても「対象としての母親」と「環境としての母親」の側面を分けて論じているが、「絶対的依存」の段階にあっては、「環境としての母親」の側面が優勢になる。幼児は、母親に依存しているという事実に気づきようのない「絶対的依存」の時期から、自分の依存に気づきはじめる時期、すなわち母親が対象として認識されはじめる「相対的依存」の時期を経て、「独立」へと向かう。

「絶対的依存」の時期においては、幼児は環境から抱えられることが特に重要となる。母親の役割は、乳児の抱えられるニードを適切に満たすことにあり、こうした母親像を、ウィニコットは「ほどよい母親(good-enough mother)」と呼んでいる。この時期における抱えることの失敗は、統合失調症などの深刻な精神病理につながるとウィニコットは考えていた[*43]。この「絶対的依存」の時期において、適切に抱えられることが達成されることで、幼児に形成されるのが、「いることの連続性(continuity of being)」である。「育児がうまく進んだ結果として、幼児の中に自我の強さの基礎となる、いることの連続性が形成される」(Winnicott, 1965)。つまり、母親がまだ対象として立ち現れておらず、幼児のニードも環境としての母親に適切に満たされ、それゆえに母親は幼児に認識されず、そこには逆説的に幼児の「自分」もない、こうした万能的[*44]な「静かな」状態で、幼児の「いることの連続性」が形成されるのである。

逆に、抱えることが十分に達成されないことは、環境からの侵害となる。こうした侵害は、幼児に「反応」を呼び起こし、「反応」が起こるたび、「いることの連続性」は中断させられ、それが深刻になる場合には、自我の弱体化や精神病理へとつながる。

3-2. 偽りの自己と本当の自己

こうした環境側の失敗、侵害に対する防衛として組織されるのが、「偽りの自己(false self)[*45]」である。この「偽りの自己」は、「"本当の自己"と呼んでよいものを公式化して釣り合いをとる必要がある」(Winnicott, 1965)と述べられているように、「本当の自己(true self)」と対概念で、その相互関係で理解されるべきものである。

「本当の自己」の起源は、幼児の自発的な身振りに見出される(Winnicott, 1965)。幼児の自発的な身振りに、「本当の自己」が現れているのであるが、この幼児の自発性の中に現れる万能感を、母親がくり返し満たしてやることで、「本当の自己」は生きた現実となり、自らの生活をもちはじめる。逆に、この幼児の自発的な身振りに対して、母親が、幼児の万能感を満たしてやるようなかかわり方ではなく、幼児にある種の服従を強いるようなかかわり方をするとき、この幼児の側の服従が「偽りの自己」の出発点となる。絶対的依存の段階にあるここでの服従は、対象への服従ではなく、環境への服従である。

ウィニコット(1965)は、「本当の自己」について、「外界の現実の影響を受けることがあってはならない」と述べている。これは、「本当の自己」は客観的対象ではなく、主観的対象（subjective objects）とかかわっていることを意味している。主観的対象の概念は、幼児が、自分ではない、非自己の対象を見出す以前の幼児の体験世界を記述するための概念であり、具体的には「自分の外のものとしていまだ分化させていない対象（母親）」（北山，2004）のことである。したがって、その意味で、「本当の自己」は、「外界」と直接かかわることがない。「健康な人には、分裂した人格の本当の自己の部分に相当する人格の核」があり「この核の部分は客観的に知覚された世界と交流することは決してなく」、その意味で「各個人は永久に交流することもなく永久に知られることも、つまり見つけられることもない一つの分立したもの」（Winnicott, 1965）なのである。

一方で、ウィニコット（1965）は「本当の自己のみが実在感を味わうことができる」「本当の自己だけが創造的であり、本当の自己だけが実在感をもてる」と述べている。そして、対置される「偽りの自己」については、「非実在感や空虚感という結果に終わる」としている。したがって、いきいきとした感覚や、自分があるという感覚、創造的であることを担うのは、「本当の自己」である。「偽りの自己」は環境に対する服従的な自己であるゆえに、それを通した外界との関係は、個人にとって、空虚さがあり、実在感のないものとなる。

他方で、発達の過程で「偽りの自己」が生じることは不可避である。幼児が、主観的対象のみが存在している世界から、錯覚と脱錯覚を経て客観的対象と出会い外界を外界として認識していく過程で、また依存の観点で言えば、絶対的依存から相対的依存へと移っていく段階で、「偽りの自己」は生じる。そもそも、外界の現実の影響を受けることがあってはならない「本当の自己」は、基本的に「偽りの自己」に防衛される必要がある。したがって、「偽りの自己」の生じ方と発達の仕方が重要なのであり、だからこそ病理的な場合から健康な場合まで、「偽りの自己」には水準がある。絶対的依存の時期に「本当の自己」が適切に抱えられ、「いることの連続性」が達成されれば、その後の深刻でない環境側の「失敗」から組織される「偽りの自己」は健康的なものとなる。それは「上品で礼儀正しい社交的態度のもつ全機構で示される」（Winnicott, 1965）ように、洗練された社会性であり、「本当の自己」を保護しながら、「本当の自己」がいきいきと活動する道を開いてやりもする。他方、絶対的依存の時期に、環境からの侵襲がたびたび起こり、幼児が「いることの連続性」を中断して、そうした侵襲に反応せねばならなくなるとき、組織される「偽りの自己」は病的なものとなる。病理的な場合には、「偽りの自己」は実在のものとして確立し、「本当の自己」は深く隠蔽されることになる。周囲の人が、その人の実在の人柄と考えるのはこの「偽りの自己」であるが、当の本人には、実在感やいきいきとした感じが伴うことはない。

「本当の自己」は外界と交流をもたないにもかかわらず、「本当の自己」だけが、創造的となり、実在感やいきいきとした感覚を味わうことができるとウィニコットは述べているが、これはどのように理解すればよいだろうか。さらには、上述したように、「偽りの自己」が健康な場合には、「本当の自己」が活動する道を開いてやるというが、これはどういうことだろうか。これを可能にするものを、ウィニコットは中間領域として考えていた。この移行的空間において、遊びや文化的体験が可能になるのであり、そこでは個人は客観的対象と出会っているのではなく、個人に立ち現れる対象は、主観的対象としての性質を帯びている。そして、個人にこれを可能にするのは「偽りの自己」なのである。「偽りの自己」の適切な発達は「中間領域に住むことのできる個人の能力と密接に結びついている」(Winnicott, 1965) のである。

したがって、ウィニコットにおいては、個人は「本当の自己」と「偽りの自己」の関係から理解されるものであり、特に、個人が自分らしく、いきいきとあり、自身について実在感を抱くためには、幼児期の絶対的依存の時期に環境側から「本当の自己」として「いること」を抱えられる必要がある。その「本当の自己」は、長じてからは適切に発達した「偽りの自己」に守られながら、中間領域において、遊びや文化的体験を通していきいきとした実感を得る。

つまり、ここで重要視されているのは、自分が「いること」の実感が、環境によって抱えられることで保障されることによって生じてくるという側面である。ウィニコットの「いること」は、乳幼児期における個人の起源について言われているものではあるが、環境によって抱えられ、「本当の自己」が「いること」が保障されることは、乳幼児期に限らずやはり重要となる。「本当の自己」を外界から守り、同時に「陽の目をみることのできる条件を探し出す」(Winnicott, 1965) ことが、「偽りの自己」の役割であり、それがなされないとき、すなわち「本当の自己」が、いきいきと活動できる中間領域を見出せない上に、外界から搾取される危険にさらされるときには、「偽りの自己」によって組織される自殺が、逆説的に「本当の自己」の連続性を保障するための最後の手段となる。

4.「いること」を抱える場としての「居場所」

いきいきとした存在の実感が個人に体験されるためには、「本当の自己」が環境に抱えられ、「いること」を保障される必要があることをみた。それは早期の幼児期においては「環境としての母親」に抱えられ、自我ニードが適切に満たされることによって可能となり、長じてからは「偽りの自己」に抱えられながら、中間領域において「いること」が可能となり、「遊ぶ」ことができる。だから、ウィニコットは分析において中間領域を重視し、患者の「偽りの自己」が肥大している場合には、分析家に依存することで、「本当の自己」の分析が可能となることを重視した。「いること」が「すること」に先立つと言うとき、それは何よりも「本当の自己」が「いること」であり、そうしてはじめて「すること」が個人にとって実在感の伴う主体的行為となり、分析の対象にもなりえる。「偽りの自己」は「内在化された環境」(Winnicott, 1965) であり、そこで行為に見えるものは環境からの侵襲に対する「反応」であって、それを分析しても仕方がないのである。

ウィニコットのこうした議論を考慮すれば、「安心でき、自分らしくいられる場所」としての「居場所」は、その個人の依存が抱えられる場である必要がある。個人の依存が抱えられることによって、個人の中間領域として機能し、「本当の自分」が「いること」が可能になり、遊びや文化的体験が可能となる。このことを北山 (2003) は、「『自分』はのびのびと生きる居場所を得て、そこに依存したときにのみ、『いること』すなわち『本当の自分』を出現させやすい」と述べ、「『本当の自分を出す』『本当の自分を見つける』と言うが、それが実現するためには何か媒介物が必要であり、それは『遊ぶこと』である。遊ぶためには、遊びの対象と遊び場所が必要で、場に依存している」と述べている。

第２章においては、「居場所」は「内」の関係性であることを指摘したが、「内」

は「甘え」という依存欲求が許容される関係性であることは、「居場所」の理解において重要である。依存がある程度抱えられるからこそ、その場は中間領域としての性質をもち、「本当の自分」がいることができるようになる。一方、第3章で見てきたように、居心地の悪さを感じる集団においては、個人の「いること」は揺らぎを被っている。非親和的で審判者のように体験される他者に対しては、個人は依存することはできず、そこでは「本当の自己」は「偽りの自己」に抱えられ、隠されることで守られる。「偽りの自己」としてその場にいることで、非実在感や空虚感が生じ、個人の「いること」は揺らいでいる。

例えば、デイ・ケアなどの中間施設に患者がはじめて通うことになったとき、患者はすでにその場に形成されている集団の中に入っていくが、そこで最初から、ふだんの自然な自分が行為するのと同じように何かを「すること」は難しい。その場で何らかのプログラムが実施されていても、患者は何をどうしてよいのか分からず、それを部屋の隅から緊張した面持ちでじっと動かずに見つめているのがやっとのこともまれではない。これは、この場が患者にとって、依存できる環境として機能していないからであり、患者の「いること」が十分に保障されていないためであると考えられる。このような状態では、満足に「すること」、すなわち行為することは困難であり、環境の側からの自我支持的なかかわりが必要となる。何をしてよいか分からずじっとしているのがやっとの患者に対して、すでにいるメンバーやスタッフが「一緒にしてみませんか」などと声をかけたり、話しかけたりすることは、この自我支持的なかかわりに相当する。このようなかかわりを経る中で、患者は徐々にその場に信頼が生まれ、依存し、その場に自然と「いること」ができるようになり、「すること」が意味をもつようになっていく[＊46]。

5.「本当の自分」についての若干の考察

また、「本当の自分」についても検討を行っておく必要がある。一般的には、「本当の自分」「ありのままの自分」「自分らしい自分」（以下、「本当の自分」とまとめて表記）はしばしば同義に用いられる。本書においても、序章においてこれらを区別しないことを確認した。こうした「自分」は「居場所」の定義に含まれることが多いが、その意味は必ずしも明示されておらず、それゆえに「居場所」の定義には曖昧さがあるとも言える。「居場所」において個人が「本当の自分」でいられると言うときの、「本当の自分」とはいかなる自分なのだろうか。

「本当の自分」は、日常的文脈において、自己形成におけるある種の到達点であるかのように、肯定的意味を付与されて語られる場合がある。日本で1990年代に流行した「自分探し」は、「本当の自分」を探る試みであると言えるし、「本当の自分を出せた」「本当の自分でいられた」と言うとき、明らかにそこには肯定的な意味合いが含まれている。「本当の自分」は、そうした自分でいられるならば望ましいものであり、またそれが可能となる場も、個人にとって望ましいものと認識されている。逆に「本当の自分はここでは出せない」と言うときには、その場は個人にとって否定的な感情を伴って体験される。「本当の自分」とは、個人にとって秘めておくべきものでもあり、しかし場が許すならば出すことができると望ましいものである。

他方、ここまでの議論にしたがえば、「本当の自分」は、依存が抱えられる中間領域という、文化的体験や遊びの場において、つまり限られた場において現れるものである。そしてまた、「本当の自分」にとって、外界は客観的対象としてではなく、主観的対象として、すなわち幻想を投影された形で認識されている。こうした「本当の自分」は、その起源が幼児の自発的な手振りに起源が見出されるように、無意識的なものであると捉えなければならない。

「本当の自分」は無意識的であるがゆえに、病理的であり、否定的なものでもある場合もある。そもそも、ウィニコットにおいては「本当の自己」は、いることが保障されることで存在の実感につながるものであると同時に、精神分析の対象でもあった。パーソナリティを「偽りの自己」と「本当の自己」からなるものとして捉えるウィニコットは、「偽りの自己」の分析は不毛であり、「分析が可能なのは本当の自己だけである」(Winnicott, 1965) と述べている[*47]。北山 (1993) は「本当の自分」について、「のびのびとした自分」や「元気な自分」が想起されやすいが、「死んだ自分」「傷ついた自分」「バラバラ」、変化に「ついていけない自分」が「本当の自分」であることもあると述べている。「居場所」において「本当の自分」が「いること」を抱えられるとき、そこでの「本当の自分」は、こうした無意識的で、病理的な「自分」である場合もある。本間（2001）は、適応指導教室の実践について、「『安全』で『自由』な場は子どもたちの心理的退行を促進しやすく、子ども一人一人が無意識のうちに築き上げてきた対人関係の基本的なパターンが再現されやすい」と述べている。それゆえに、「喧嘩して涙を流したり、傷つけあったりというマイナスの感情も生まれてくる」（本間，2001）のである。これは、まさに「居場所」を得ることで、無意識的な「本当の自分」が現れる例と言える。心理療法においても、例えばクライエントが親へのこれまで否認してきた負の感情をしみじみと語り、実感するときや、自らの心に抱えておけず外界に投影するしかなかった不安や恐怖、攻撃性を自らのものとして実感するとき、そこには心の痛みを伴いつつも自分自身についての実在感やリアリティがあり、クライエントは確かに「本当の自分」に触れている。こうした「本当の自分」は、クライエント自身には気づかれておらず、セラピストの理解と解釈によって明らかになる場合もあれば、クライエントにもセラピストにもまだ気づかれておらず、あるとき面接関係に発見的にもたらされる場合もある。「本当の自分」は、こうした射程をもつものである[*48]。「『本当の自分とは何か』の具体的な答えは、いつも自分にとっての『自分らしい自分』である…（略）…さらにそれは、治療とともに変わって来ることがあり、ある場合では自分の意味は自分で簡単に見つかるものではなく、自分ではない他者によって照らし返してもらわざるを得ない」（北山，1993）のである。

6.「居場所」と身体

前節までは、環境から依存を抱えられるという点に着目して、「自分」という主体が「いること」について検討してきた。すなわち、環境から抱えられることを通して、「自分」が「いること」が可能になるのであった。しかし、「自分」の成立の基盤として、もう一つ考慮しなければならない問題がある。それは身体の問題である。本節では身体と「居場所」の関係について検討する。

デカルト（Descartes, R.）（1637/1997）が「わたしは考える、ゆえにわたしは存在する」という命題を真理とし、「わたしは一つの実体であり、その本質ないし本性は考えるということだけにあって、存在するためにどんな場所も要せず、いかなる物質的なものにも依存しない」と述べたことはあまりに有名であるが、今日では中村（1989）が述べるように「意識的自我（コギト）を内実とする人間の自立が疑われるように」なり、「意識的自我の隠れた存在根拠をなすものとして、共同体や無意識が大きく顧みられるようになった」。こうした共同体や無意識を、自我を成立させる根拠としての場所（トポス）として捉え論じる中で、中村（1989）は身体についても次のように述べている。

> ここでもう一つ大事なのは、場所あるいは基体としての身体である。およそ意識的自我としてのわれは、身体という場所を基体とすることなしには実際には存在しえず、しかも、そこに成立するいわば身体的実存によって、空間的な場所は意味づけられ、分節化されるのである。また、有意味的な空間はしばしば基体的な身体の拡張として捉えることができるのである（中村，1989）。

我々の身体は、我々の自我、本書の文脈で言えば「自分」が成立する基盤となる場所である。しかし、これは単に意識活動が身体活動に基礎を置くから、といった議論ではない。

例えばラカン（Lacan, J.）（1949/1972）は、鏡像段階において、幼児が鏡に映った自己の姿、すなわち全体としての身体像に小躍りして同一化する過程に、自我の成立と疎外とをみた。そして、ここで幼児が同一化しているのは、視覚像のみではない。大山（2009b）は、ここで生じているのは「『私』の全体像を知りうる他者のまなざしに対する同一化」だとしている。そして、「他者のまなざしを自分のまなざしに受胎することで初めて、私ひとりのまなざしによっては決して開示されえなかった世界が立ち現れてくるのである。私ひとりの力では手に入れることのできない世界のもっとも重要な要素は、私がその中に含まれた世界の風景、すなわち私がこの世界の中にいるということである」と述べ、この意味での他者のまなざしの対象となるのが身体であり、「身体を媒介にしてこそ、私－他者－世界という三者が分かたれると同時に緊密に織りなされた、私の存在論的構造そのものが成り立ちうる」と述べている。身体は、このような次元で、主体の成立に根底から関与している。

それでは、「居場所」において問題となる身体はどのようなものなのか。

第1章において「居場所」の言語としての意味を検討する中で、「居場所」のもととなった「いど（ゐど）」という言葉には、「いるところ」という意味のほかに「尻」「臀」の意味があったことを確認した。これは、「いる」という言葉が、第一には、その場に座り、ある程度の時間的連続性をもって同じ姿勢でいる、その場にとどまっているという意味を有していることと関係がある。つまり、人間が「座る」ときに物理的環境との接点となるのは臀部である。したがって、日本語の「いる」という言葉は、そもそも身体性が前提とされていた言葉であり、そのため、「いる」は身体が伴った有情のものの存在を表すのに用いられると考えられる。そして、「いる」場所を表す「いどころ」は、身体の置き場所となる。

こうした意味は、今日の「居場所」の意味にも、辞書には記載されていないとしても、やはり含意されている。「居場所」の先行研究において、物理的環境を対象としたものが少なからずあるのは、「居場所」が身体にかかわるものであるからだと考えられる。身体には物体としての側面があり、空間における特定の位置を占めるからである。その身体を基盤として、我々は「いる」ことが可能となる。

しかし、木村（1994）は、このように身体性を備えた「いる」という言葉に、同じく存在を表す「ある」を対置し、まさに人間が身体を有しているがゆえに、「ある」とも表現できると述べている。木村（1994）は、「『自分』とは『イル』の様態で（現存在的に）のみ存在するものであって、『アル』の様態で、（事物的に）存在するものではないとする『実存主義的』な先入見に捕らわれていはしないだろうか」と述べ、続いて以下のように述べている。

身体というかたちはひとつの悲劇的な矛盾を引き起こす。身体を所有するということは、物体としてアルということである。…（略）…生物は身体を有することによって偶然性の領域に曝されることになる。交換不可能な個別として普遍を生きるための身体を所有することによって、特殊として一般

> の中に包摂されることが可能になる。身体を有することによって、生物は必然と偶然、イルとアル、個別と特殊の二重構造を生きなくてはならなくなる（木村，1994）。

それゆえに、「『イル』が人間的現存在に固有の実存規定として、『アル』が非実存的存在者の存在規定として振り分けられる」ことは、「人間が生きていることに由来する虚構」となる（木村，1994）。このようにしてみると、身体は、意識的自我、つまり「自分」が「いる」という実存的な存在様式を成り立たせる基盤に見えながら、一方では、その虚構性を暴く契機にもなる。この両義性をどのように考えればよいだろうか。

身体には、主体としてのありようと、客体としてのありようがある。主体としての身体は、「私である」ところの身体であり、市川（1992）が述べるように、体表を超える「ひろがり」をもつ。一方、客体としての身体は、自分自身に捉えられる対象としての身体である。市川（1992）は、サルトル（Sartre, J. P.）の議論を参照しながら、身体が客観的対象として捉えられるがゆえに、「世界の一要素としての偶然性」を帯びると述べている。このような意味で、客体としての身体は実存的な「自分」と身体を分離する。木村（1994）の議論においては、極度に客体化された、物体的身体に焦点が当てられている。

市川（1992）は「〈客体としての身体〉と〈主体としての身体〉とは、その深層において分かちがたくむすびついており、知性の抽象によるのでなければ、それらを判然と、決定的に分離することはできない」と述べつつ、「精神病において、患者が自己の身体を生きる仕方に異常があらわれる場合、しばしばみられるのは、主体としての身体と客体としての身体の統合がそこなわれることである」と述べている。木村（1994）が、統合失調症やその素質をもった人は「『イル』と『アル』の区別は元来それほど明確ではない」と述べていることも、これと関連していると考えられる。つまり、主体としての身体と客体としての身体の結びつきは、自明ではなく、それゆえに特に統合失調症のような精神病理においては客体としての身体に由来する「ある」というあり方、すなわち「世界の一要素としての偶然性」（市川，1992）を帯びたあり方が、主体にとっても前景に出てくることになる。

「いること」が身体にかかわる事態だと言うとき、それは「主体としての身体」と「客体としての身体」が個人の中で結びついていることを意味している。だから、「いる」ということが身体性を伴った実存的な存在のありようであるとしても、それは決して自明ではなく、一つの達成であり、また一つの虚構でもある。ウィニコット(1965)が、自我が身体に住み込み、心身相関の存在となることを幼児期における一つの達成と考えたことも、このこととの関連で考えることができよう*49。

「居場所」があって、「いること」が抱えられているときは、身体におけるこうした次元の差異は問題になることはない。「ひろがり」をもつ主体としての身体は、「われわれ各人の生存や活動の仕方に応じて、それぞれに自己の刻印を帯びた固有の場を、一種のテリトリー(縄張り)を社会空間の中で形づくる」(中村, 1989)。ある特定の空間や場所を「居場所」とするとき、そこでは、主体としての身体がその場所の中にひろがりをもっていて、くつろいでいる。濱野(2008)は、自分が生きている時空間を心地良く感じられるときには、「〈私〉は自分自身をその『場』の一部として感じ、そこに溶け込むように感じながら、一方で完全に溶け込むことなく、むしろその溶け込むような感じに支えられて、個としてのひとりの自分でいることを受け容れられる」と述べている。このような環境を「生きた環境」とし、「"生きた環境"が生まれるとき、それは《主観的身体》の延長——あるいは《主観的身体》そのもの——として〈私〉が身のまわりの環境を体験しているときである」(濱野, 2008)と述べている。個人がその場所や関係性に「居場所」があると感じられているときには、こうした事態が生じていると言える。

こうした「自分」と「身体」の関係性に齟齬が生まれるのは、むしろ「居場所のなさ」においてである。第3章で論じたように、所属する場において居心地の悪さを感じるとき、個人は集団の他者からの評価的・否定的なまなざしが自身に向けられていると体験することによって、「いること」は揺らぎ、身体の次元においても緊張や不快感が体験される。

7.「居場所」とアイデンティティ

これまでの節では、「居場所」と「いること」、「本当の自分」の関係について、主に「自分」という主体の成立と形成の過程に着目しながら検討し、また「本当の自分」の射程についても検討してきた。以下では、「居場所」と「本当の自分」について、さらにアイデンティティとの関連に着目することで検討したい。

北山（1993）は「そのひとらしい感じ、歴史的、状況的にみて納得できる『自分らしさ』というものが伴うと、『本当の自分』の感じが強く」なると述べている。「自分らしさ」や「本当の自分」を実感するためには、客体的な「自分」のイメージとでも呼べるものが参照され、主体としての「自分」がこうした歴史的な「自分」と照らし合わせて、「自分らしい」という感覚が生じる側面がある。こうした、いわゆる主語的な「自分」と述語的な「自分」の関係性は、アイデンティティとして語られてきたことがらである。したがって、「自分らしさ」と「居場所」の関係を扱うとき、アイデンティティ（Erikson, 1959/2011）の感覚との関係について論じることには意義があると考えられる。

アイデンティティの感覚はエリクソン（1959/2011）によれば、「〈自分自身の内部の斉一性と連続性（心理学的な意味における自我）を維持する能力〉が〈他人にとってその人がもつ意味の斉一性と連続性〉と調和するという確信から発生する」。そして、そのアイデンティティの感覚の形成は、とりわけ青年期において課題となるが、青年期に限らず生涯にわたり形成し続けていくものでもある。アイデンティティとは欧米圏では日常的な言葉であり、日本語に訳される際には「自分」がその訳語の候補として考えられた（北山，1993）ことからも、「自分」と「居場所」の関係について考える際に参照することには意義があると考えられる。

実際に、これまで「居場所」とアイデンティティの関連を扱った研究は多い。小沢（2000，2002，2003）は、実存的視点からアイデンティティを捉えたとき、「居場所」があるということとアイデンティティが形成されていることは密接に関連していると述べている。堤（2002）は、「居場所がない」感覚とアイデンティティの混乱の度合いとの関連を実証的に検討し、「居場所がない」という感覚の中核には自我同一性の混乱があると述べている。杉本・庄司（2006a）も大学生の居場所環境と自我同一性の関連について実証的に検討し、どのような居場所環境をもつかが、アイデンティティの諸側面の確立度と関連していると述べている。また、高橋・米川（2008）においても、アイデンティティの確立度と居場所感覚の関連を実証的に検討し、居場所がない状態がアイデンティティの確立度が低い状態を反映していることが示されている。これらの研究では、おおむね「居場所」があることが、アイデンティティの感覚の確立と関連していることが示されていると言える。ただし、「居場所」とアイデンティティがどのように関連して、こうした正の相関関係が生じているのかについては、十分に扱われているとは言い難い。

以下では、アイデンティティの感覚と「居場所」があることの関連について検討するが、その際、アイデンティティの感覚をいくつかの側面に分けて考えたい。谷（2001）は、アイデンティティの感覚を量的に測定する尺度を作成するにあたって、エリクソンのアイデンティティ概念についての記述を分類し、その主観的感覚として、「自己連続性・斉一性」「対他的同一性」「対自的同一性」「心理社会的同一性」の四つの側面を挙げている。この四つの側面は、それぞれ「自分が自分であるという一貫性を持っており、時間的連続性を持っているという感覚」「他者からみられているであろう自分自身が、本来の自分自身と一致しているという感覚」「自分自身が目指すべきもの、望んでいるものなどが明確に意識されている感覚」「現実の社会の中で自分自身を意味づけられるという、自分と社会との適応的な結びつきの感覚」を意味する（谷, 2001）。以下では、こうしたアイデンティティの感覚の諸側面と、個人にとって居場所があることとの関係を見ていく。すなわち、「居場所」があるという体験が、アイデンティティの諸側面の形成にどのようにつながりうるのかに関して理論的な検討を試みる。

7-1.「自己連続性・斉一性」と「居場所」

アイデンティティの感覚の諸側面の一つである「自己連続性・斉一性」の感覚とは、「自分が自分であるという一貫性を持っており、時間的連続性を持っているという感覚」（谷, 2001）である。ここで問題となるのは、過去の「自分」と現在の「自分」の同一性であり、時間的な連続性のもと存在しているという感覚である。これは、過去のある一時点の「自分」の記述可能なありようや振る舞いが、現在の「自分」のありようや振る舞いと矛盾がないというようなことではなく、現在の「自分」は過去にもこの「自分」であったし、この先もこの「自分」であるという、「自分」という主体が単一であり、時間的に連続しているという感覚である[*50]。

ウィニコットの発達論を確認する中で、早期の絶対的依存の時期において、幼児の「本当の自己」が「いることの連続性」を保障されることが、環境としての母親、すなわち「抱える環境」の重要な役割であることを先に述べた。こうした幼児期の早期の体験は、エリクソン（1959/2011）のライフサイクル論では「基本的信頼」対「基本的不信」の時期にあたる。「基本的信頼」は、その後の発達の核になるものであり、アイデンティティの感覚の礎石となるものである。基本的信頼が形成されるために重要なのは、その対象となる母親の存在の連続性である。

幼児期の抱える環境が「いることの連続性」を保障するのと同様に、「居場所」とは、そこで個人が時間的連続性をもって「いること」を保障する機能が含意されている場である。それを可能にするのは、「居場所」という環境の側の連続性である。つまり、個人の外側にある環境である「居場所」がある程度時間的な連続性をもって、安定して存在していることが、個人の側の「自分が自分である」感覚や、「自分」が連続して一貫している、という感覚の形成に寄与すると考えられる。この点において、「自己連続性・斉一性」の感覚と「居場所」は関連すると考えられる。ただしそれは、成人してからの現在の「居場所」よりも、むしろ過去の幼児期の「居場所」がより強く関係するものと言えよう。

7-2.「対他的同一性」と「居場所」

「対他的同一性」とは、「他者からみられているであろう自分自身が、本来の自分自身と一致しているという感覚」（谷，2001）を指す。ここで問題となるのは、他者から認識されているであろう自分と、本来の自分の間の同一性である。「居場所」には、「いること」が抱えられ、「本当の自分」が出現する場としての機能がある。このときの「本当の自分」のもついきいきとした実在感が、「自分らしい」感覚を生じさせる。さらに、他者との間で形成される「居場所」においては、「本当の自分」は他者から受容され、抱えられている。すなわち、「居場所」という退行促進的な場において、その環境に依存することによって姿をみせる「本当の自分」が、その場の他者からも承認されている。「居場所」におけるこうした側面は、「他者からみられているであろう自分自身が、本来の自分自身と一致している」という「対他的同一性」の感覚の形成に寄与するものであると考えられる[*51]。

7–3.「対自的同一性」と「居場所」

「対自的同一性」は「自分自身が目指すべきもの、望んでいるものなどが明確に意識されている感覚」(谷, 2001) である。それは、自分自身の「私は何がしたいのか」「私の望みは何か」といった、目標や欲望・欲求と言えるようなものであり、それが自分自身にとって明確になっているということとして考えられる。

本間 (2006) は、自己愛の修復という観点から不登校者やひきこもり者の居場所について論じる中で、「存在がまるごと認められ自己愛の高まりを感じるようになった不登校者やひきこもり者の心に、行為や活動への意欲が芽生えてくる」と述べている。つまり、「いること」が保障され、自分が存在することを実感できるようになると、「すること」への意欲が高まってくるのである。そのようにして行為や活動への意欲が高まり、実際に自分が意欲を注ぐことのできる具体的な活動や課題が見つけられたとき、目指すことや望むことが明確になってくる側面があると考えられる。ただし、「すること」は「いること」が達成された上ではじめて問題となってくることであり、「居場所」の眼目が、「いること」の保障であるとするならば、「対自的同一性」は、「居場所」の機能としては付随的なものであるとも言える。実際に、本間 (2006) の居場所論においても、「すること」の意欲を高める「遂行－自尊心の場」の前に「いること」を保障する「存在－自己愛の場」が確保されることが重要であるとされている。

7–4.「心理社会的同一性」と「居場所」

「心理社会的同一性」の感覚とは、「現実の社会の中で自分自身を意味づけられるという、自分と社会との適応的な結びつきの感覚」を指す。つまり、「心理社会的同一性」においては個人と現実社会との関係が問われる。それは社会の中で認められる形で「自分らしく」あるという課題である。エリクソン (1959/2011) はアイデンティティを論じる上で、心理社会的モラトリアムの時期に、「個人は、自由な役割実験を通して、社会のある特定の場所に適所を見つける。適所とは、あらかじめ明確に定められた、しかもその人にとっては自分だけのために作られたような場所である。それを見つけることによって、若者は内的連続性と社会的斉一性の確かな感覚を獲得する」と述べている。ここで述べられている「適所」は、「居場所」と重なるところがある。

一方で、「居場所」が不登校の問題から生じてきた概念でもあり、住田(2003)が「子どもの『居場所』の神髄は、学校的文脈を離れたところにあって、学校価値に否定的あるいは対立的な意味合いを含んでいる」と述べていることを考慮すれば、「居場所」の本質的な性質として、現実社会において適応に困難を抱えた者が避難する場という性質や、例えば学校といった現実社会への対立的な性質があると考えられる。また廣井(2000)は、「自己の統合について不安や混乱がみられる段階では、何者かに定めることを目標において関わるのではなく、まず面接者がクライエントの『居場所がない』不安を扱うことが、クライエントに安心感を与え、適切な関わり方を可能にするのではないだろうか」と述べ、「客観的な事例理解としてはアイデンティティに混乱があると判断した場合においても、治療的関わりを考えるうえでは『居場所がない』という理解に置き換えて関わったほうが面接が自然に進む場合が多いのではないか」と述べている。これは、自己の統合についての不安や混乱を抱えるクライエントとのかかわりにおいて、アイデンティティの心理社会的側面における達成、つまり、社会的な次元において「何者か」として自分を位置づけることを目標とするのではなく、まずは居場所がないという問題を扱うことの重要性を説いたものである。ここで述べられているような「居場所」の機能は、安齋(2003)の「逃げ場としての居場所」の機能と言える。こうした「居場所」の性質を考えたときに、「心理社会的同一性」の感覚の達成は、必ずしも「居場所」の中心的機能ではないとも考えられる。

しかし一方で、第2章において論じたように、「居場所」とは日本の文化的文脈において「ウチ」とも呼べるような関係性の場でもあり、こうした場に所属することが社会的同一性の確立にとって必要(斎藤, 2003)という側面もある。これは藤竹(2000)の「社会的居場所」としての機能と言えるだろう。つまり「居場所」

と「心理社会的同一性」の関連を問うためには、どうしても、その機能によって「居場所」を分類して考える必要性が出てくるのであり、「心理社会的同一性」の感覚を支えるような「居場所」もある一方で、必ずしもそのことを前提とせず、個人が脅かされずに「いること」をまず保障する「居場所」もあると言える。

7-5.「居場所」概念とアイデンティティ概念の相違点

前節では、「居場所」とアイデンティティの関連について検討した。アイデンティティの感覚の諸側面との関連を検討することを通して、「居場所」があることが、アイデンティティの感覚を支えうるものであると考えられた。ただし、「居場所」とアイデンティティには理論的な相違点もあり、その点も明確にしておく必要がある。

アイデンティティとは、エリクソン(1959/2011)が随所で強調しているように、「同一化」の概念をその理論的基盤に置いている。「青年期の終わりに確立する最終的なアイデンティティは、過去のいかなる人との同一化であれ、それを超えたものになる。アイデンティティはすべての重要な同一化を含むが、しかし、独自で適切なまとまりのある全体となるように、それらの同一化を作りかえる」のであり、アイデンティティの感覚における重要な要素である自己の連続性とは、こうした子ども時代の同一化と、青年期における同一化の連続性でもある(Erikson, 1959/2011)。しかし、「居場所」の議論においては、こうした他者との「同一化」について論じられたものは見受けられない。もちろん、「居場所」において「同一化」と呼ばれる現象が生じていないわけではないと考えられる。第3章において、個人が集団において居心地の悪さを感じるとき、そこには、集団の他者との間に異質性が体験されていることを確認した。これは、いわば集団の他者と個人との間に同一化が生じ難い状態であると言える。逆に言えば、集団の他者との関係性によって同一化が生じることは十分にありうる。フロイト(1921/2006)は、軍隊や教会といった集団について論じる際に、「集団化した個人の相互の拘束は、重要な情動的共通点に基づくそのような同一化を本性とする」と述べ、指導者という対象を自我理想の位置に置き、その対象への愛という共通点において集団の成員の間に同一化が生じていると述べている。「居場所」が集団の形をとるとき、それは必ずしも指導者やリーダーといった、特異なポジションの人物が存在するわけではなく、むしろ立場で構造化されない集団であることも多いが、そこでも個人がその成員との間に感じとっている同質性を起点として互いに同一化が生じていると考えることはできるだろう。ただし、それは「居場所」の議論においては必ずしも焦点化されない。その理由は一つには、「居場所」概念の成立過程から考えることができる。先にも述べたように、何者にもならない、あるいはなれない「自分」を、ありのままの「自分」として受け止めるという点に「居場所」の眼目があることである。もう一つには、これはより根本的なことであるが、「居場所」という概念が、そこにおける対象としての他者との関係を、必ずしも前景に押し出さない概念であることが理由として挙げられる。つまり、本質的には他者との関係が問題となっているのだとしても、それを「場所」や「環境」の問題として焦点化することに「居場所」の概念の特徴がある。そこでは、その「居場所」を構成する一人ひとりの他者との具体的関係があえて焦点化されず、そうした関係性全部を含み込んで「居場所」として認識されると言える。もちろん、「居場所」という語で他者との関係が語られる場合もあるが、個々の具体的な関係性ではなく、それらを含み込んだ全体としての「環境」に焦点を当てることが、「居場所」概念の独自性とも言える。

7-6. 現代的アイデンティティと「居場所」

エリクソンのアイデンティティの概念は、今日、そのままでは現代青年のアイデンティティを説明する上で十分ではないという指摘がある（溝上, 2008）。

溝上（2008）は現代青年のアイデンティティ形成の特徴として、生活・人生にかかわる場が多領域化しており、それに伴いアイデンティティ形成の領域が多領域化していることを挙げている。そして、そのような現代におけるアイデンティティの形成について、「ポストモダンのアイデンティティは、二重プロセスで形成されることにその特徴を持っていると考えられる。…（略）…第一のプロセスは特定領域における自己定義の形成であり、第二のプロセスはその特定の自己定義間の葛藤・調整という意味での統合形成である」と述べている。現代の青年は、日常生活において多領域にまたがりながら生活をしており、それぞれの場でアイデンティティを形成していく。そして、それらの領域における自己を統合していくプロセスが必要となっている。

こうした現代的事情を踏まえたとき、「居場所」もまた、それら多くの生活領域のうちの一つであると言うことができる。ただし、「居場所」における「自分」は、「自分らしさ」と個人に実感されるものが伴っている分、その他の領域における「自分」とは質的に異なっていると考えることができる。

「本当の自分」のイメージと「本当の自分ではないような自分」のイメージの関係性について検討している高木（2002，2006，2008）は、「本当の自分ではないような自分」を、本当の自分ではないが、かといって自分ではないと退けられることもない「中間的な存在」であるとし、そのような中間的な存在を自分の中で抱えておくことで、自分の中に様々な自分同士の力動的な関係性が生まれるとしている。高木（2008）はまた、「自分でありながら自分でないという中間的な存在は、ある種危険なものでもあり、それを抱えておけるだけの力が必要とされる一方、その存在を抱えておくこと自体が重要な意義を持つ」と述べている。生活の多領域化に伴い、中間的存在としての「自分」を様々に抱えておく必要が生じるが、個人に「居場所」があり、「自分らしい自分」の実感があることは、「居場所」以外の領域における自己を中間的な存在として抱えておくことに寄与するように思われる。

ただし、「本当の自分」や「自分らしい自分」といった概念も、もはや無批判に信じられる前提でない可能性にも留意すべきである。大山（2009a）は、電子メディアが生活に浸透した現在においては「私たちの近代的な個我意識に深く関連した前提が揺らぎつつある」とし、「このような状況の中では、『真の自己』と『社会的な自己』といった区別、あるいはユングが定式化したような『セルフ』と『ペルソナ』といったような区別が無意味となる」と述べている。したがって、「本当」や「自分らしさ」といったこと自体が一種の虚構であると考えることもできるのである。

8. まとめ

本章においては「居場所」と「自分」という主体の関係について論じた。「自分」はその成立にあたり、「いること」が保障されねばならない。ウィニコットの発達論を手がかりに、依存が環境に抱えられることで「いること」が保障される構造を見出し、「居場所」の機能として、依存を抱えることで、「本当の自分がいること」を保障するという機能を見出した。

また、先行研究において「自分らしい自分」「ありのままの自分」として曖昧に語られていた要素について「本当の自分」として捉え、それがいかなる射程をもつ「自分」なのかに関しても検討した。「本当の自分」とは、「のびのび」「いきいき」とした「自分」であることもあれば、否定的・病理的で、その個人にとっても無意識的であり、把握されていない「自分」であることもあると考えられた。

さらに、「居場所」と身体の関連についても論じた。身体については第3章でも論じ、「居場所のなさ」を感じるときに、他者からまなざしを向けられ把握される「対他身体」(市川, 1992)が重要な要素であることを確認した。本章においては、主体としての身体が「居場所」があることによって、ひろがりをもってその場所に「いること」が可能になることを指摘した。

また、「居場所」とアイデンティティの感覚との関連についても検討した。従来の研究においても「居場所」とアイデンティティの関連は様々に指摘されていたが、それがいかに関連しているかについては十分に論じられてきていなかった。本章においては、谷(2001)を参照し、アイデンティティの感覚を四つの側面に便宜的に分け、それぞれと「居場所」の関連について論じた。

以上の論考を通じて、「居場所」と「自分」という主体の関連について検討した。

第5章

心理臨床実践における「居場所」の視点

1. はじめに

本章では心理臨床実践と「居場所」の関係について扱われる。それは第一には、クライエントの抱える「居場所のなさ」に対して、どのような理解と治療的態度がありうるのか、という問いである。そこでは必然的に、心理臨床実践を「居場所」の提供とみる視点が含まれることになる。それはまた、「居場所」という視点から心理臨床実践を捉えなおすことで、いかなる現象が浮かび上がるのかについて明らかにすることにもつながる。

2.「居場所のなさ」を捉える心理臨床の視点

クライエントの「居場所のなさ」を考えたとき、それは一つにはクライエントの現在における「居場所のなさ」ということがある。すなわち、現在、クライエントが生きている外的環境において「居場所がない」という状態である。第3章においてみたような、所属する集団における「居場所のなさ」もその一つの例として捉えられよう。

第3章で扱われた「居場所のなさ」は、その個人が偶発的に所属することになった場において、そこでの具体的他者との関係性において生じた体験であると言える。我々は誰もが、所属する集団において居心地の悪さを偶発的に経験しうるし、その時々の対人関係のありようによっても「居場所のなさ」を体験しうる。新たに所属することになった組織の構成員の性質が、自分とは大きく異なっており、自らの異質性を強く意識せざるを得ないような場合、居心地の悪さを感じたり、居場所がないと感じることは自然なことである。「居場所のなさ」は、進学や就職、家族環境の変化など、様々な外的環境の変化を契機として誰しもに生じうる。

しかし、心理臨床における「居場所のなさ」を考慮するためには、現在における偶発的な「居場所のなさ」について扱うだけでは不十分であり、それとは異なる次元の「居場所のなさ」についても考える必要がある。

例えば、北山（2003）が「居場所」について、「分裂病から神経症、さらに『スキゾイド』や境界パーソナリティまで様々な病態で問題になる」と述べるとき、また木村（1994）が、統合失調症の患者について、「彼らにとって、『イル』と『アル』の区別は元来それほど明確でない」とし、「われわれの相互主体的な『生活世界』に居場所を見出すことは困難となり、生活世界は彼らにとって居心地の悪いものとなる」と述べるとき、「居場所のなさ」は、単なる偶発的な出来事ではなく、その個人の病理やパーソナリティに関係することが含意されている。清水（2012）が、中学生と大学生を対象とした調査において、「慢性的に感じる『居場所のなさ』」を見出しているように、その個人のパーソナリティとの関連において、「居場所」を他者との間で見出しづらい場合がある。こうしたありようの具体例を、アンジュー（Anzieu, D.）の記載している例にみることができる。

> パーソナリティに混乱があり、精神病すれすれの境界にあって、不安およびきわめて古層の潜在的幻想を抱き、例えば、無力感があり、脱人格化傾向や活動亢進による過補償傾向と闘っているような人物が集団内にいると、彼は見捨てられる不安を強烈に発散するので、集団の専横な指導者になったり、あるいは逆に、厭うべき逸脱者とみなされるようになる。…（略）…逸脱者とみなされる場合、集団は彼を実際に見捨てるが、じつは彼は見捨てられることを恐れながらも、みずからそれを呼び込んでしまうのである（Anzieu, 1984/1999）。

アンジュー（1984/1999）が記述しているこの例は、個人と集団との関係について述べられたものであるが、個人が集団から逸脱し、見捨てられる事態は、まさに集団での「居場所」を失う事態として捉えられよう。そして、その「居場所」の喪失は個人のパーソナリティとの相互作用において生じていることを、アンジューは例示している。すなわち、ここにおける個人の「居場所」の喪失は、個人の内的な対象関係の集団への投影と、「見捨てられ不安」の表出が、集団の他者との間で反復された結果生じていると考えることができる。

外的な環境の変化に伴って偶発的に体験される「居場所のなさ」とは別に、この例のように、その個人のパーソナリティとの関連において、他者との間において「居場所」の見出しづらさや得づらさがある場合があると考えられる。こうした「居場所のなさ」は、それがその個人が生きてきた歴史において反復されてきたという意味で、個人の歴史としての「居場所のなさ」とでも呼べるものである。そしてそのことが、現在における「居場所のなさ」にかかわっていることがありうる。

第1章において、「居場所」の主観的条件について論じる中で、デイ・ケアや通所型中間施設が、個人にとって「居場所」とならない場合があること、すなわち、その環境になじめず通所をやめてしまうことを例として挙げた。デイ・ケアや中間施設が、ある人にとって「居場所」とならない事態は、その個人にとって、偶然その場が「居場所」として体験されなかったというだけではなく、むしろ個人のパーソナリティとの関連において、個人がその場を「居場所」として見出せなかったり、個人を抱える環境としてその場が機能しなかったような場合もあるのではないだろうか。つまり、パーソナルな要因として、支援や援助の場を頼り、溶け込んでいくことが難しく、なじみにくさがあるような場合である。心理臨床における「居場所」の意味や、クライエントに対する「居場所」の提供ということについて検討する上では、こうした次元の「居場所のなさ」も考慮に入れる必要がある。すなわち、個人のこれまで生きてきた歴史において、「居場所」がどの程度確保されていたのか、そうした「居場所」のありようは、個人の現在のパーソナリティに、ひいては、個人の現在における「居場所」のもちづらさにどのように影響していそうなのか、という視点である。それは例えば、その個人がこれまで生きてきた中で居場所と呼べるものがあったのか、あったとすれば、今それがなぜ失われてしまったのか。居場所の喪失は、個人の力のまったく及ばない外的な要因による剝奪だったのか、あるいは、個人と環境との関係の齟齬ゆえだったのか。そうだとすれば、そこにはどのように、その人のパーソナルなありようが関係しているのかといった点である。

第4章においては、「居場所」は、本当の自分が「いること」が保障される場所であり、それは個人の依存が環境によって抱えられることによって達成されることを確認した。つまり、「依存」という、個人から他者や環境に向けての関係性が、とりわけ心理臨床の実践における治療者側の視点として、重要になると考えられる。「安心でき、自分らしくいられる場所」という「居場所」の意味を構成するのは、安心や自分らしさという個人にとっての主観的な次元の要素であるが、それを「依存」との関連において捉えることで、関係性をベースに営まれる心理臨床の領域において機能することが可能となると考えられる。「依存」の観点は、現在のクライエントのありようのみならず、これまでのクライエントと「居場所」との関係を問うにあたっても重要となろう。

3. 絶対的依存と「居場所」——提供される「居場所」

ウィニコットが示したように、最早期の依存は「絶対的依存」である。それは生まれたばかりの乳児が、生存に必要なあらゆることを外界に全面的に頼りきっているような依存性である。この段階における、抱える環境の失敗は、統合失調症をはじめとする深刻な病理につながるとウィニコットは考えていた。絶対的依存の段階における、環境側の失敗は、幼児の「いることの連続性」を中断させ、環境からの侵襲に対し、「反応」をさせる。この侵襲が度重なると、幼児の自我は深刻な脆弱性をはらむことになる。こうした病理の極端なものが統合失調症だと言えるが、統合失調症においては、木村（1994）が述べるように、自分が「いること」が決して自明ではなくなっている。外的現実は迫害的対象に満ち、この世界の内に安心して「いること」ができないのであって、まさに「居場所」のない状況であると言える。以下では、統合失調症を例に挙げながら、「居場所」にかかわる視点について例示したい。

絶対的依存の時期の不安は、「想像を絶する不安（unthinkable anxiety）」（Winnicott, 1965）であり、それはもはや分析を通じても言語化ができないほどの不安であるが、あえて言葉にするならば「バラバラになる」「奈落の底に落ちる」といった類の不安として捉えられる（Winnicott, 1965）。統合失調症の極期と呼ばれる、不安が最大限に増大する時期では、この想像を絶する不安である「破滅－解体の不安」（松木, 2000）が患者に押し寄せ、患者は圧倒される。それは、「自分」がバラバラになる、解体してなくなってしまうという感覚である。

極期の状態の患者に対しては、まず何よりも安全な環境を提供することが重要となる。松木（2000）は、まず心身の安全を提供することが何より重要であり、「外界における圧迫感のない規則性・連続性の提供が、破壊されたこころの時間やこころの空間が連続性を取り戻すのに寄与」すると述べている。また、この段階にあっては、支援者の共感のこもったコミュニケーションは当然のことながら、環境の物理的な側面も重要になる。松木（2000）は「心身を巻き込んでいる破滅の不安に対しては、まずからだが守られる必要」があると述べ、「比較的狭い部屋のほうが、守られている感じをもたらしやすい」としている。松下（2001）も、統合失調症の患者に対して心理的に支援する際の物理的隔壁の有効性を指摘しており、こうした物理的隔壁を「居場所」と表現している。つまり、統合失調症の患者にあっては、安心し抱えられる環境は、関係性だけでなく、空間の物理的要素も重要となる。物理的環境の安全性が、そのまま心の次元のこととして作用するのである[*52]。

こうした統合失調症者にとって必要な「居場所」を考えたとき、それは何よりも安全が保障される環境であり、解体する不安にさらされる「自分」を支える、自我支持的な環境である。すなわち、「自分」という主体が「いること」が支えられ、脅かされない安全性である[*53]。それは、関係性と物理的環境の両面について提供される必要があるものであり、そこでは、患者自身にすら意識的ではないニードを汲みとって適切に提供されることが重要である。したがって、環境を提供する側には、患者のニードを読みとり、理解した上で適切に提供することが求められる。このように安全な環境を提供することは、「環境としての母親」の機能だと言える。

このような文脈で「居場所」と言うとき、治療者や支援者から「提供」される側面が強く、クライエントにはそのことが意識されないことも多い。すなわち、こうした抱える環境は、対象化して意識されないものでありながら、確かに患者やクライエントの「自分」を支えている。

3-1. 心理療法における「居場所」の環境的側面

こうした、クライエントの意識を超えたところで提供される「居場所」は、通常の心理療法においても、例えば面接構造の維持や面接室のセッティングにかかわるところに見出すことができる。

面接構造の維持に関しては、例えばセラピストが自らの都合による面接のキャンセルを安易に行わないこと、すなわちセッションの連続性を保つことや、セラピーの開始・終了時間を守ることなどがある。また、面接室のセッティングに関しては、ソファや調度品の配置をはじめとして、クライエントを部屋に迎え入れる前に部屋を確認し、椅子がずれているのを直しておいたり、箱庭の砂が乱れているのを直したりすること、床に落ちたゴミを拾っておくこと、冬であれば部屋を暖めておくことなど、面接室という物理的環境を整えておくことを挙げることができる。

このような配慮は、クライエントへの直接的なはたらきかけではなく、またそれゆえに、その配慮が維持されている限りにおいては、クライエントに意識されることはまれである。しかし、こうした心理療法を行うための環境、それは物的側面もあり、セラピストが連続して存在することでもあるが、そうした環境の連続性は、心理療法の過程の連続性を支えており、クライエントが面接室に「本当の自分」として「いること」を支える要素である。クライエントは意識することなく依存していると言え、それはクライエントの心理療法の過程に必要なものである。こうした環境を維持することは、セラピストの環境としての母親の機能の一側面だと言える[*54]。

けれども、心理療法の過程では、セラピストがどれだけ気をつけていようとも、こうした次元における「失敗」とも言えないような「失敗」が起こるのも事実である。面接室の掃除をしたにもかかわらず目立つゴミが落ちていたり、暖房を入れ忘れていたり、プレイルームであれば、直前の時間の別のセラピーで、砂場が水浸しになってしまったりというようなことは、セラピストがどれだけ意識的に注意していたとしても、不可避に生じる。セラピストの急病によるセッションのキャンセルは、それがどれだけやむを得ない理由だったとしても、「失敗」の最たるものであろう。

このような「失敗」、あるいは「失敗」と呼ぶべきかどうかさえ分からない「失敗」は、意味のある必然的な「偶然」として、共時的な事態として捉えられもする。伊藤（2003）は、掃除されていたはずのプレイルームの床に偶然犬のミニチュアが落ちていたことをきっかけに、治療の展開がもたらされた事例について報告している。心理療法の場に起こる偶然に関しては、セラピストの側では、自らの責任で招いた「失敗」として矮小化してしまわずに、それが意識を超えたところから関係性に生じてきた必然的な事態として捉える姿勢が重要であると考えられる。その事態をクライエントがいかに体験し、どのようにセラピストにその反応を伝え、それが面接関係に何をもたらすか、ということにセラピストが開かれていることは重要である。こうした態度を伊藤良子（2009）は「たとえ些細なことのようであっても、二人の間で起こってきた事象に真摯かつ自由に心身全体で向き合うというあり方」と述べている。

一方で、こうした偶然の事態をやはりある種の「失敗」として捉える視点が意味をもってくる場合もある。それは、ウィニコット（1965）が述べているように、クライエントが幼児期の絶対的依存の段階における環境側の失敗、すなわち、クライエントの自我のニードにかかわる環境側の失敗を、「過去の生育史に裏打ちされた方法で」セラピストにくり返させると捉える視点である。これによってクライエントはセラピストに怒りや憎しみの感情を向けるが、これは、幼児期におけるクライエントを抱える環境の失敗、すなわちクライエントの体験の及ぶ外側にあったがゆえに治療関係にも登場しえなかった環境の失敗が、怒りや憎しみという感情として、転移の中に現れたと捉えることができるのである。したがって、それは逆説的に、クライエントが指摘しセラピストを何らかの形で責めることができたときにはじめて「失敗」としての意味をもってくる事態である。これにはクライエントの治療関係への依存がある程度達成されている必要があって、それらが整う以前の失敗は面接関係の破綻につながりうる。

ここに述べた、抱える環境としての「居場所」の側面は、それが維持されている限りにおいて、心理療法の背景に退いている。それが維持されることは、クライエントのニードに対して適切な提供が行われていることでもあり、面接の場やセラピストへの信頼感へとつながっていく。そして、それが何らかの偶然で中断されたときに、逆説的にはじめて心理療法の関係性の中で意味をもってくるのである。

4. 治療者という他者への依存と「居場所」――見出される「居場所」

前節では、個人のパーソナリティに関連する「居場所のなさ」として、絶対的依存の段階における環境側の失敗に由来する病理として捉えられる統合失調症を例に、「居場所」のありようについて検討した。統合失調症のような病理における「居場所」では、他者との関係性の要素のみでなく、患者を抱える環境の物理的要素もまた重要となってくる。

これに対し、境界例やスキゾイドをはじめとする人格障害、ウィニコットの言う「偽りの自己」が肥大化し病的となった状態も、また「居場所のなさ」をパーソナルに抱えてきた例として捉えられる。「偽りの自己」が病的な例では、「偽りの自己」と「本当の自己」の乖離が大きく、それゆえ、クライエントはいきいきとした感覚や実在感、「自分らしさ」という実感をもつことが難しい。「偽りの自己」が極端に肥大化しているため、「周囲の人が、実在の人柄と考えるのはこの偽りの自己である」(Winnicott, 1965)。それゆえ、まさに「本当の自分」でいられる「居場所」を得ることができなかったと言える。こうした病的な「偽りの自己」においては、セラピストという他者への「依存」が問題となる。つまり、環境への依存という側面と同時に、対象への依存の側面が強調される。

ウィニコット(1965)は、分析の対象となるのは「本当の自己」だけであり、「偽りの自己」の分析は無意味であると述べている。なぜなら、「偽りの自己」は、環境への服従の結果組織された防衛であり、したがって「内在化された環境」(Winnicott, 1965)でしかないものだからである。しかし、逆説的ではあるが、「患者の本当の自己については患者の偽りの自己としか話し合えない」のであり「分析家が患者の本当の自己に触れはじめる移行時には、極度の依存の時期があるに違いない」(Winnicott, 1965) としている。病的な「偽りの自己」においては、セラピストに依存することで、つまりセラピストが内在化された環境の重荷を肩代わりすることではじめて、クライエントの「本当の自己」とふれ合うことが可能になる。

クライエントからのセラピストへの依存は様々な程度のものがあり、それは、信頼と呼べるものから、激しい退行を伴う幼児的な依存まで幅がある。また、表面的にはまったく依存を示さない、というあり方もある。「偽りの自己」が肥大化していると考えられるクライエントの依存は、乳児期の依存に相当する。しかし、この場合の依存は、容易に達成されるものではない。ウィニコット (1965) は次のように述べている。

> 過去の体験から疑い深くなっている患者は、あらゆる吟味を試みるため、依存状態に達するまでに長い道程が必要である。しかし、ひとたび依存的になると、それは幼児と母親の関係の中でみられる幼児のような依存性を発揮する。…(略)…現実の幼児でない患者が依存的になるということは、患者にとって非常な苦痛であって、依存状態への退行の際に犯す危険は非常に大きなものである。この危険というのは、…(略)…分析家が突然患者の人格解体の恐怖、破滅恐怖、奈落の底に落ち込む恐怖といった原初的不安の現実と強さとを認識できなくなるのではないかといったものである (Winnicott, 1965)。

このように、これまで依存が抱えられてこなかったクライエントにとっては、セラピストに依存することは不安と葛藤を生じさせる。依存へのアンビバレンスが強いクライエントほど、その達成は困難となる。松木 (2005) は「依存を過度に自己の無力ととらえる、自己鍛錬や独立への強いこだわりがある場合、逆に依存しているだけですべてが治療者に解決してもらえるという、『神頼み』的在り方のどちらも、治療経過での困難を予想させ」ると述べている。依存がどのように治療関係において達成されるかは、クライエントの心理療法の今後をうらなうものでもある。

セラピストという他者への依存が問題となるとき、治療関係において、母親をはじめとする養育者との早期の関係における依存をめぐる問題が反復されている。面接が進み、クライエントの依存に対するアンビバレンスをセラピストが理解することを通じて、徐々にクライエントはセラピストに依存を示すようになる。依存は様々な形をとり、セラピストに何かを質問し答えを求めたりするような、すなわち自分の求めに対してセラピストが拒絶せずに応えてくれることを確認するような形をとることもあれば、面接時間の変更など、治療構造にかかわることであったり、時にはセラピストへ身体的接触を図ろうとするような直接的なものもある。これらは行動化として捉えることができるが、このときに依存の感情とともに表現されているのが、これまで十分に抱えられてこなかった「本当の自己」の側面であると考えられる。したがって、こうした依存の感情を理解し、クライエントと共有していくことが、クライエントの依存を抱え、「本当の自己」が面接の場に現出していくことにつながる。

このとき、クライエントの依存にセラピストが何らかの行為で応じてしまうことは、治療者側の行動化となる。それはやはり依存を深めていくことにはつながるが、クライエントの心をクライエント自身が理解していくことにはつながっていきづらい。そして、例えば境界例のクライエントにみるように、依存があまりに苛烈になる場合は、早晩、その依存を治療関係で抱えることは破綻する。それが幼児的な依存であればあるほど、セラピストという他者との限定的な関係性の中で達成されることは不可能となる。クライエントが希求する、自らがまるごと受け入れられ、「甘え」が満たされ、あらゆる要求がかなえられるような関係は達成されず、再び失敗に終わる。しかしその怒りや悲しみをセラピストの間で共有するとき、逆説的にそこに「居場所」が生じる[*55]。それは、あらゆる依存や要求がクライエントの望みどおりにかなえられる「居場所」ではないが、それが満たされなかった悲哀にくれる「本当の自己」が治療関係で抱えられている「居場所」である。

これもまた、クライエントからみれば、理想的な「居場所」の達成の「失敗」であるが、「失敗」が意味をもつのは先に述べたとおりである。このような視点に立つとき、「居場所」があることは、単なる修正体験ではないのである。つまり、早期の依存を抱えてもらえなかったクライエントは、面接関係の中で依存が満たされる修正体験を得るのではない。ウィニコット(1965)が「修正体験の供給だけでは、決して十分ではない」と述べているように、「失敗によって、――患者のやり方についていけないことによって成功を収めることになる」のである。

5. アイデンティティの問いとしての「居場所のなさ」

前二節では、クライエントの依存にかかわる「居場所」について論じた。その際、統合失調症や、人格障害といった病理と対応させる形で、「居場所」の諸相を描写してきた。他方、これまでの章でみてきたように、「居場所」は個人のアイデンティティとも深く関連している。アイデンティティと関連する「居場所」も、心理臨床実践では重要となる。

ここで扱う「居場所のなさ」は、しばしばクライエントからも表現されるものでもある。それは面接外の環境における、具体的な他者や集団との間で体験されるものとして語られる。「社会において、自分がいかなる存在としてあるべきか」「自分はどのような方向性をもって生きてゆくべきか」「自分が本当にしたいことは何か」といった問いがクライエントには生じており、現実社会の中に、個別的で唯一無二の存在として「いること」が揺らいでいる。こうした実存的感覚の揺らぎが「居場所のなさ」として語られうる。これは、第3章でみた集団における居心地の悪さと関連する「居場所のなさ」である。

したがって、「居場所」という、外的な環境のことを語っているように思われながら、問題となっているのは、第3章で扱った集団における居心地の悪さに端的にみられるように、クライエントと外的な環境や他者の関係性である。そのため、心理療法の過程では、こうした関係性やクライエントの「自分」のあり方が問いなおされることになる。クライエントはこれまでの生において確保されていた「居場所」を喪失した状態にあり、それゆえ新たな「居場所」を見出す必要に迫られるのであるが、それはアイデンティティの問いとして、「自分」のあり方の再編が求められる事態である。

このとき、治療関係は、「居場所」の喪失により実存的あり方の不連続を蒙ったクライエントが、落ち着いて自分自身について考えるための、一時の仮の「居場所」としての側面が強くなる。それは河合（1999）が「居場所がちゃんとあると、そこにいて自分で悩む」と述べている意味での「居場所」である。クライエントが自らのあり方を見つめなおし、現実社会において「居場所」を見出す、あるいは妙木（2003, 2010）が言うように、自分自身が自分の「居場所」となり、「どこにいても大丈夫」と実感されるようになる過程に伴って、仮の「居場所」としての面接室は必要とされなくなる。

6. まとめ――心理臨床における「居場所」の諸相

これまで、心理臨床における「居場所」の諸相について、例を挙げながら論じてきた。それは、一つには統合失調症患者を例に論じたような、抱える環境としての「居場所」である。これはセラピストや治療者から提供されるものであり、クライエントのニードが適切に満たされる環境である。それは時に、物理的な要因も重要となり、身体とも関係する「居場所」である。それは第一に「自分」が「いること」が保障されるための場所として捉えられ、うまく機能しているならば、クライエントに対象化して意識されることはまれである。

また、一つには、セラピストという他者への「依存」が問題となるような「居場所」の相である。クライエントはこれまで抱えられてこなかった早期の「依存」や「甘え」が、セラピストとの間で達成されることを希求する。そのような感情が満たされる場としての「居場所」を求めるのである。しかし、その「居場所」の希求はしばしば退行を伴い、苛烈になる場合にはセラピストとの間でも達成されることなく失敗が反復される。そしてその失敗とそれに伴う悲哀がクライエントとセラピストの間で理解され抱えられるという過程自体が、治療的意義をもつような「居場所」の相である。この過程ではクライエントの病理的・否定的な「本当の自分」が表現され、それが抱えられることが重要になる。

また、一つには、クライエントが現実の社会において生きていく上で見出していかねばならない「居場所」である。クライエントの実存やアイデンティティにかかわるものであり、これまで他者との間で確保されていた「居場所」が、環境あるいはクライエントの側の変化に伴い喪失され、自分自身のあり方を自らの歴史を踏まえながら位置づけなおす作業が必要となる。心理療法の場は、クライエントの実存的なあり方の不連続を抱える場として機能し、クライエントが自らの心について理解を深めながら、再び現実の他者との間で「自分」を定位していくのに伴って、不要となっていくような「居場所」となる。

便宜的に三つの側面を分類し、検討したが、実際の臨床実践においては、ここに述べてきた「居場所」の側面は重なり合っており、厳密に分けられるものではない。

例えばひきこもりのクライエントを例にとれば、「社会的ひきこもり」と表現される場合があるように、社会との関係における「居場所」が問題になると理解される。この理解においては、問題となるのは上述した中の第三の相の「居場所」である。しかし、他者との間で自分を表現することに苦痛を抱いている場合や、他者を迫害的に体験するような場合、そこでは他者との間で適切な形で依存を達成することが問題となっていると考えられる。このときに問題となるのは、上述した中の第二の相の「居場所」である。そして、彼らがひきこもる自室や、彼らの支援を目的とした中間施設、あるいは心理療法の面接室は、彼らが他者から否定されることなく、かろうじて「いること」ができる「居場所」であり、これは第一の相の「居場所」であると捉えられる。

このように、実際の臨床においては、本章で便宜的に分けて論じた「居場所」の相は重なり合いながら登場する。そして、これまではこうした諸側面が「居場所」という一語で曖昧に語られていたと考えられるのである。

なお、本章において取り上げた個々の事象は、心理臨床の領域においては、必ずしも「居場所」の概念を伴わない形ですでに論じられてきた事象ではある。しかし、「居場所」という多義的で曖昧な概念が、その意味するところが明確にされないまま、しばしば心理臨床実践の中で用いられてきた状況を考慮すれば、「居場所」の概念に含まれる諸相と臨床的事象を関連づけようとした本章の試みには意義があると考えられる。

第6章
現代的状況における「居場所」と心理療法の意義

1. はじめに

本章においては、現代的状況における「居場所」概念の用いられ方に関して検討する。そして、そこから現代を生きる我々の心のありようについて逆照射し、それを踏まえた上で、心理療法のもつ今日的意義について述べる。

「居場所」という言葉は、元来は人がいるところや住んでいる場所を指す語であった。しかし、明治以降の近代化の流れの中で、日本の文化的特性を背景としながら、個人の実存や、世間や集団におけるその人の位置、役割を示すメタファーとしても使用されるようになり、近年、不登校の問題、とりわけ1980年代のフリースクールの設立を契機として、「安心でき、自分らしくいられる場所」という心理的な意味が付与されるようになった。こうした経過において、「居場所」概念は、歴史的・文化的な概念であると言え、この点はこれまでの章で確認してきたとおりである。

社会や文化は流動的なものであり、時間の経過とともにそのありようを変える。したがって、概念の成立にかかわった社会や文化のありようも、やはり時代の変遷に伴い変化しうる。概念は、基本的には社会や文化のありようを背景にして生成されるものである。しかし、それが特定の文脈において定義されている専門語であれば、その成立の背景となった社会や文化のありようが変化したとしても、概念自体は固定化された形で残る。もちろん、その概念が説明力をもつ社会状況自体が変化することで、使用される機会が少なくなることはありえるとしても、その意味自体が変わることはない。一方、「居場所」概念については、それが日常語でもあるがゆえに、そして、日常語としての使用が専門語としての使用に先立っていたがゆえに、事情が異なってくる。つまり、研究の文脈とは別に、日常的な文脈において使用される言葉であり、それゆえ、日常的使用において、意味の変形、使用する文脈の変形が不可避に生じる。土居（1994）が述べるように、日常語はコンテクストがその意味を決定するのである。社会や文化の時代的変遷が、その言葉の意味にまで変化を及ぼしうるという点に、「居場所」概念の特殊性がある。

2.「居場所」概念のコンテクストの変化

それでは、「居場所」という言葉を用いるコンテクストは、現代において変化しているのだろうか。

これまで述べてきたように、今日的な「居場所」概念の成立の契機は、不登校の問題と、とりわけ1980年代からみられるようになった、フリースクール設立の動きであった。不登校の児童・生徒の数は、1980年代および1990年代を通じて増加し、2001年度にピークを迎えたのち、若干減少しつつも、2014年度においてもなお12万人を超える不登校の児童・生徒がいる（文部科学省, 2015）。これは、今なお不登校が社会的に大きな問題であることを示している。しかし一方で、伊藤美奈子（2009）は「価値観が多様化し、“学校に行かない生き方”が広く認められ、登校を強制しようという意識が薄らぎつつある今、学校に行くという規範そのものが問い直され変容してきている」と述べている。すなわち、不登校児童・生徒数はなおも非常に多いと言えるが、その問題の社会的な認識が変化してきている可能性がある。フリースクールが設立されはじめた1980年代の半ばと比較し、「学校に行かないあり方」は当時ほど問題視されなくなってきている可能性があるのである。加えて、今日では適応指導教室は各地に配置されており、学校内においてもスクールカウンセラーが配備され、教室に入りづらい不登校傾向の子どもが過ごすための相談室が用意されるなどしている。不登校傾向の子どもがいるための場所は、フリースクールの黎明期であった1980年代や居場所の研究が盛んに行われるようになった1990年代以降に比べ、整ってきていると言える。「居場所」がなかった不登校児童・生徒の「居場所」は、いまだに十分ではないにしても、社会の中に、少なくとも制度的には、ある程度確保されてきているとも言える。

このことと関連して、新聞記事における「居場所」の語の使用される文脈の変遷を調べた御旅屋(2009)は、「居場所」が不登校との関連で新聞記事として登場するのは1998年がピークであり、その後減少を続けていることを指摘している。不登校の問題に代わって「居場所」の言葉とともに語られるようになった社会問題は、青少年の犯罪である(御旅屋, 2009, 2012)。つまり、青少年が凶悪犯罪に手を染める動機に関する説明概念として「居場所のなさ」が用いられるようになったのである[*56]。これは「居場所」という言葉が、不登校問題の文脈に限らず、様々な心理的問題を語りうる概念として機能していることを示している一方で、同時に「居場所」の概念が説明力をもつ主題が変化しうることをも示している。

こうしてみると、「居場所」の概念が使用されるコンテクストは、変化してきていると言えそうである。

また、第2章において、「居場所」概念の生成過程と日本の文化的特性との関連を論じたが、文化・社会的要因についても変化が生じていることを示す現象がある。

例えば、日本文化を代表する神経症である対人恐怖症は、一時期に比べ減少してきていることが指摘されている(鍋田, 1997；河合, 2010, 2013a)。1990年代後半の言説として、鍋田(1997)は、対人恐怖症が減少してきていることを指摘し、「現代においては、schizoid化(シゾイド化)、自己愛化の増大と、自己感覚の希薄さ、ひいては自己の障害を抱くケースがふえている」と述べている。そして、2000年以降の言説として、河合(2010)は、「『対人恐怖』という症状は、激減しているのが間違いない」と述べている。対人恐怖症が減少している背景については、鍋田(1997)は、「核家族化と少子化現象と地域社会の消滅とが構造的にある」と述べている。また、河合(2013a)も、「共同体の力がなくなり、コンテインする共同体の力がなくなってしまった」と述べている[*57]。

他方、土居健郎が発見した「甘え」の概念に関しても、土居自身が、「『甘え』のセマンティックスは日本人なら誰しも自明なことであるとついこの間まで考えていたのである。しかしこれはどうやら自明ではなかったのだ。それは…(略)…

日本人の感受性の上に近年起きている変化が関係しているのかもしれない」（土居，2000）と述べている。

対人恐怖症や、「甘え」への感受性という日本文化を反映した現象に変化が生じていることは、文化・社会的状況が変化していることを示していると言えよう。

このように、これまで本書において論じてきた「居場所」概念の成立に関係していた事象に関して、今日ではそのありようの変化が認められる。したがって、「居場所」のありようも変化している可能性がある。

3. インターネットに見出される「居場所」

それでは、今日の「居場所」はどのように用いられているのだろうか。このとき、1980年代から現代に至るまでの、とりわけ大きな社会的変化の一つとして、インターネットによる情報社会化が挙げられるが、その点に着目しながら、現代的状況における「居場所」のありようについて検討したい。

現代的状況における「居場所」のありようについて検討する上では、インターネットの問題を避けて通ることはできない。それは端的に、インターネット上のバーチャル空間においても、「居場所」が形成されるという事実による。藤原（2010）は今後子どもの居場所等について研究を進める場合、このようなバーチャルな世界の居場所を無視して研究を進めることはできないのではないかと述べている。それでは、インターネット上においてはどのような形で「居場所」が形成されるのだろうか。

インターネットは、日本においては、1990年代から日常に登場するようになった。日本において初の商用プロバイダーが設立されたのは1992年である（水野，2014）。インターネットに接続するデバイスは、当初はパソコンに限られていたが、1999年には携帯電話からインターネットに接続することが可能になった[*58]。パソコンや携帯電話の普及に伴い、インターネットは我々の生活に深く浸透するようになった[*59]。

インターネットの特徴の一つは、バーチャルな空間におけるコミュニケーションを可能にすることで、人々のコミュニケーションにおける地理的・物理的な隔たりを取り払うことにある。すなわち、ネットに接続されたデバイスさえあれば、物理的距離が遠く離れた者同士でも、ネットを介してやりとりをすることが可能となる。そこでは、対人関係の地理的な制約が乗り越えられている[*60]。このようなネットを介したコミュニケーションは、水野（2014）の述べるように、今日、インターネットを使用する主要な目的の一つとなっている。

実際、インターネット上には、こうしたユーザー同士の双方向のコミュニケーションやつながりを促進するサービスが多数存在し、それらは一般的に「ソーシャル・メディア」と呼ばれている。

ソーシャル・メディアには様々なものがあり、例えば「2ちゃんねる」に代表される「掲示板」や、「ブログ[*61]」「ソーシャル・ネットワーキング・サービス（Social Networking Service、通称SNS）」などがある。「2ちゃんねる」などの掲示板は、ユーザーが順にレスポンスを書き込んでいくことで、双方向のやりとりが生じている。そこには匿名性があり、ユーザーは、自ら開示しない限り、自分が現実の社会において誰であるかを秘匿できる。「ブログ」においては、ブログの開設者が記事を投稿し、それに対して閲覧者からのコメントがつくという形でコミュニケーションが成り立つ。こうした「掲示板」や「ブログ」というウェブ上のページが、一種の「場」となり、そこで双方向のやりとりが成立する。

近年では、ツイッター（Twitter）やミクシィ（mixi）、フェイスブック（facebook）といったSNSが若者を中心に多く利用されている[*62]。こうしたSNSはそのサービスごとに特色があり、例えばツイッターは、登録したアカウントで最大140字の「ツイート」を発信したり、ほかの人の「ツイート」を読み、それに対して返信したりする双方向メディアである。匿名でのアカウント登録が可能であり、その点ではインターネットの従来の特徴である匿名性が担保されている。ユーザーは別のユーザーを「フォロー」することで、そのユーザーの発したツイートが、時系列に沿って自らのページに表示される。ツイッター上に存在するユーザーには、そのユーザーのつぶやきに対して返信したり、ダイレクトメッセージを送ったりすることができる。他方、フェイスブックは基本的に実名登録制となっており、匿名の他者とつながるというよりも、むしろ現実の生活においてもつながりのある他者と、ネット上でのコミュニケーションを可能にする側面がある。フェイスブック上にアップロードした記事や写真は、フェイスブックを利用するユーザーであれば閲覧可能である。そして、それらの記事や写真に対して、別のユーザーがコメントをしたり、「いいね」と呼ばれる承認のボタンを押したりする形で、コミュニケーションが成り立つ。

さらに、こうしたSNS以外にも、若者の間で流行しているものとして、「オンラインゲーム」や「ネットゲーム」と呼ばれる、インターネット上のゲームサービスがある。こうしたネットゲームは、ユーザー同士のリアルタイムのやりとりをその大きな特徴としており、そのゲーム内でプレイヤー同士のコミュニティである「ギルド」が形成されるものもある。こうしたゲーム上のコミュニティでは、どれほど健全とみなしうるかという議論はおくとしても、そのゲーム内での活躍に意義を見出すユーザーは確かにおり、時に、現実の世界における出来事よりも、ゲーム内のイベントを優先するあり方も見受けられる[*63]。

こうしてみると、インターネットにおいては、インターネットを介した他者との双方向の「つながり」が主要なコンテンツになっている側面があり、そこにはつながりが生まれる空間性が存在している。そして、こうしたインターネット上のつながりの「場」を指して、「居場所」と呼称されることはまれではない[*64]。例えばツイッターのツイート検索機能を用いて「居場所」と「ツイッター」の語で検索すれば、「ツイッターが心の居場所」「自分の居場所はツイッターだけ」といったツイートが無数に表示される。ネットゲームの中のコミュニティも、やはり一種の「居場所」であり、例えばゲームでミスをしてコミュニティから「追放」されることは、そのゲームの中での「居場所」を失うことになる。逆にゲームの中で活躍することは、一種の達成感や快感情へとつながる。本間（2006）は、ひきこもり者をはじめとする若者の「居場所」に関して論じる中で、自己愛や自尊心の回復や高揚自体は、バーチャル・リアリティの中でも十分に経験可能であり、「ネットゲームの中に居場所を見いだし、そこで生きる手応えや遂行する喜びを感じている多くの若者がいるのも事実である」と述べている。そして、時として現実社会よりもネットゲームを優先する者がいるように、一部の若者にとっては、インターネットの中の空間は、インターネット外の現実よりも重みのあるものとして捉えられている。

3-1. インターネットにおける「居場所」の性質

前節で確認したように、今日、インターネット上においては、ソーシャル・メディアを中心に、様々にインターネット上の「居場所」が見出されている。それでは、こうしたバーチャル空間における「居場所」は、どのような性質を有しているだろうか。

「ネット依存」という言葉や、現実社会（リアル）での生活が充実しているという意味で用いられる「リア充」という言葉に象徴されるように、現実社会ではないインターネットの世界に耽溺し、そこで「居場所」を見出すあり方は、しばしば否定的に捉えられる。ただし、臨床的には、インターネットの中での「居場所」には肯定的側面がある。岩宮（2013）は、ひきこもりについて論じる中で、「ネットという頭（脳）だけの社会参加というのは、ハードルが低いから、使いようによっては非常に有効なものなのだということを考えさせられた」と述べ、「一番きつい形でひきこもっていると、ネットにすらつながることができず、相当回復した状態でなければネット参加もできない」としている。インターネットはひきこもりの状態と現実の社会参加との間の、中間的な社会性を備えた領域として機能する側面があり、時としてひきこもりのクライエントが社会に開かれていくための媒体にもなる。現実の社会のどこにも「居場所」が見出せない人にとっては、ネットの中の「居場所」は、社会の中で「居場所」を得るよりもハードルが低いところがあり、重要なものになる場合があると考えられる。

それでは、現実の社会に比べ、インターネット上で「居場所」が得やすい理由としては、どのようなものがあるのだろうか。

ツイッターを例に挙げれば、笹倉（2011）はツイッターにおける自己表現について、「つぶやくことで自分を見つめなおしたい、あるいは他者に深く理解されたいといった志向性は薄い」と述べ、「ツイッターでは“自己”を使い分ける煩わしさから解き放たれ、自分が拡散するような感覚とともに、自分の全体性がぼんやりと取り戻されるような体験」も生じ、「“自己”の多面性をなんとなく抱えてくれる『ゆるい器』として」機能することを指摘している。そこで個人は、自身の一貫性や、多面性を意識することなく自分を「ゆるく」表現することができ、インターネットの中の他者とつながることができるのである。そして、それが不特定多数の他者へ向けた発信を主とするツイッターのようなSNSであれば、自分の表現を人がどう受け止めたか、ということは気にせずにいることが可能である。もちろん、まったく気にならないわけではないが、相手は顔の見えない他者であり、また自分の表現に対して、フィードバックが必ずあるとも限らないため、現実の対人関係と違って、自分の表現が他者にどう受け止められたのか、ということが確認できない。これはもちろん、不安を喚起する場合もあろうが、他者の反応を気にせず、「気楽さ」を享受できるならば、現実社会よりも幾分自由に自己表現ができる場として機能すると考えられる。

ただし、他者からの反応が生じる場合もあり、それが否定的なものである場合もある。しかし、否定的な反応が返ってきた場合は、ツイッターであれば相手のアカウントを「ブロック[*65]」することで、それ以上その相手とかかわらずに済むようになる。時には、「炎上（フレーミング）」と呼ばれる、多数の他者から一斉に否定的反応が沸き起こり、ネットを通じてそのやりとりが拡散され、非難や中傷が膨大な数にのぼる場合もある。しかし、そうした場合でも、いわば最後の手段として、「炎上」が生じたアカウントを消去することで、少なくともそれ以上否定的反応を目にせずに済む[*66]。

インターネットにおけるコミュニケーションには、このような性質、すなわち、比較的自由な表現が可能になるという点と、他者からの否定に直面するリスクを低減させることができる、という性質があると考えられる。

さらに、インターネット上のつながりにおいては、自分の興味関心に沿って、やりとりする相手を選択可能であるという性質がある。すなわち、自分と興味や関心を共有しやすい、同質性の高い相手と選択的につながることが可能なのである。この性質は、先に述べた比較的自由な表現が可能になる側面と、他者から否定されるリスクを低減させるという側面を、より強固なものとする。「居場所」は「安心でき、自分らしくいられる場所」として概念化されてきたが、インターネットは「同質性の高い他者とつながることができ、他者からの否定に直面せず、比較的自由に表現することができる場所」を容易に作り出すことができるのである。現実の社会に比べ、インターネット上に「居場所」を得やすい背景には、こうしたインターネットの性質があると考えられる。

3-2. 従来の「居場所」との差異

ただし、こうしたインターネット上の「居場所」は、本書でこれまで論じてきた「居場所」とは異なる点がある。

第一に、インターネットでの「居場所」には身体性が伴わない。これまで論じてきたように、「居場所」において重要になる「いること」は、身体的な次元にかかわることがらであった。身体性を伴って自分として「いること」が、「居場所」の主要な性質であるとも言える。これに対して、インターネット上の「居場所」には身体性が欠如している。

インターネット上の空間はあくまでバーチャルな空間であるがゆえに、身体を携えてそこに存在することはできない。身体は、あくまでパソコンのディスプレイの前や、スマートフォンを操作している現実の場所に置き去りにされている。そして、そのことから必然的に導かれる帰結として、自分が何かを表現したり発信したりするときにも、パフォーマンスの場としての身体は、他者の目に触れることはない。

実際に現前している他者と会話するとき、身体はその場の雰囲気を感じとり、様々に反応する。その場の雰囲気が穏やかであれば、自然と身体も緩む。逆に、ひとたび場に緊張が走れば、我々は無意識に身体の態勢を変える。相手に伝えにくいことを伝えるときには、そのためらいは、声の震えとなって表れる。そして、我々の身体のありようは、それを目にする相手にも、我々の状態を雄弁に伝える。身体は、ともすると「私」の意識に先立って「私」を表現し、他者に把握される客体となる。しかし、インターネットを介したやりとりにおいては、例えばスマートフォンのコミュニケーションアプリであるライン（LINE）で、深刻な内容の話を、自室のベッドで寝そべりながらするといったことが可能になるように、身体の表現は捨象されている[*67]。「頭（脳）だけの社会参加」（岩宮, 2013）という表現も、こうした事態を指している。つまり、インターネット上の「居場所」には、現実社会で他者との間で形成される「居場所」ならば当然そこに含まれている、主体や他者の身体が捨象されている。

第二に、「自分らしさ」の否定的側面とも言えるものが捨象されるという点がある。「居場所」は、「本当の自分」でいることを可能にする場であった。この「本当の自分」は、第4章においてみたように、「のびのび」「いきいき」といった肯定的な側面ばかりではなく、時には、他者に受け入れられ難い否定的側面、病理的な側面も含まれる。そうした「自分らしさ」の負の側面が環境や他者から抱えられ個人がそこに「いること」ができる点に、「居場所」の眼目があったと言える。

一方、インターネットを介した他者とのつながりにおいては、こうした「自分らしさ」の否定的側面が抱えられる契機に乏しいと言える。もちろん、インターネット上においても自分の悩みを打ち明けることは可能であるし、それに対する匿名の他者からの共感を得ることもまた可能であろう。しかし、そのやりとりが匿名のもとでなされる限りは、他者はあくまで想像上の他者の域を出ない。そして、もし相手から受け入れられなければ、そのやりとりはいつでも好きなタイミングでやめることが可能である。そこでは現実の他者に対して自らの否定的側面を表現するときに比べ、不安や葛藤が少なく、それゆえに、共感が得られたとしても、抱えられ受容された体験とはなりにくいのではないだろうか。すなわち、「相手の存在感の薄さに直面する」(佐々木, 2001)のである。

さらに、インターネット上のアカウントが消去可能なことは、こうしたやりとりや、そのアカウントを介した他者とのつながりをいつでも「なかったこと」にできるということを意味する。そのアカウントを登録していた個人の記憶としては残ったとしても、それがもはや他者との間で共有される事実ではない以上、その歴史を自身の物語として引き受けていく契機にも乏しいと言える[*68]。

つまり、インターネット上の「居場所」においては、具体的な他者との間に依存的関係が成立し、「自分」の否定的側面が抱えられるという契機が乏しい可能性がある。

3-3. 人間関係の常時接続と「一人でいる居場所」

他方、インターネットの普及、またインターネット機能が備わった携帯電話やスマートフォンの普及は、今日の若者において、現実社会における人間関係にも変化をもたらしている。それは、人間関係の常時接続化と言える事態である(土井, 2014a, 2014b)。このことも、また「居場所」のコンテクストに影響を与えていると考えられる。それは端的に、「一人でいる居場所」、つまり「個人的居場所」に関係している。

インターネットが普及する以前には、具体的な他者と実際につながる際には地理的制約があった。その意味で、他者との具体的な関係は、物理的な空間としての場所と不可分に結びついていた。しかし、インターネットの生活への浸透により、他者との関係の場は必ずしも物理的な場所に限定されなくなった。電話や、テレビをはじめとするメディアの登場には、元来こうした地理的制約を取り払う機能があった（Relph, 1976/1991）が、インターネットはその傾向を極限にまで押し広げたと言える。

今日、若者は、学校という物理的共同空間から帰宅した後もスマートフォンを駆使して友人とのやりとりを続ける。また、このネットを介したやりとりの輪から外れることは、現実の交友関係の輪から外れてしまうことを意味する。それゆえ、際限なく続くコミュニケーションに疲弊を感じていても、そこに参加せざるを得ない性質がある。

このような状況においては、果たして、プライベートな空間というものはありえるのだろうか。具体的な他者が不在であるという意味での私的な空間としては、自室などが考えられる。しかし、一人でいる空間としての自室においても、今日、インターネットや携帯電話を用いて他者とつながることが可能である。こうしたあり方は、果たして本当に「一人でいる」と言えるのだろうか。自室というその物理的空間に他者がいないだけであって、その個人がアクセスしているバーチャルな空間では、常に他者と一緒にいると言えるのではないか。その意味で、ネットによる「常時接続」によって、「一人でいる」ことが少なくなってきていると言える。大山（2009a）は、このことを指して、「かつて私的空間として定義されたものの中に、公共の空間が登場している」と述べている。

一人でいられる「個人的居場所」は、「社会的居場所」と並んで、個人にとっては重要な「居場所」である。しかし、今日的な状況を考慮したとき、物理的に「一人でいる」ということは、必ずしも、他者とのつながりがない、ということを意味しない。つまり、物理的には一人でいるにもかかわらず他者とつながることが、インターネットを介して可能となっているのである。したがって、今日における「一人でいる居場所」を考えるとき、もはや具体的な他者の存在を考えるだけでは不十分であって、バーチャルな次元における他者とのつながりの有無も考慮に入れる必要がある。インターネットの登場は、ネットの中に「居場所」を見出すことを可能にした一方で、「一人でいる居場所」を減少させることになった可能性がある。

現実に一人でいながらにして、他者とつながっているという事態がある一方で、逆の事態、すなわち、現実には他者といるにもかかわらず、一人でいるという事態がある。ウィニコット(1965)は、幼児の発達における達成として、「一人でいられる能力(capacity to be alone)」を重視したが、この「一人でいられる能力」とは、「誰かといながらにして一人でいる」という逆説的な要素が強調される。「一人でいられる能力」は、それ以前の発達段階における母子の関係性、つまり環境としての母親に依存を抱えられ、対象としての母親と関係をもつに至るという過程における適切な育児、さらにはエディプス的三者関係、すなわち父親による、母親との二者関係への介入への葛藤を乗り越えるプロセスを経た上で達成されるものと考えられた。ウィニコット(1965)は、「一人でいられる能力は個人の中の心的現実に良い対象がいるかどうかによって決まる」と述べている。このような、「一人でいられる能力」に支えられて、実際に「一人でいる」ことが可能になる。それは孤独に耐えるというだけでなく、社会的な文脈から離れ、自分自身を実感するといったことにかかわるものである*69。藤竹(2000)が、「自分であることを取り戻すことのできる場所」として定義している「人間的居場所」について、一人でいる空間を主に想定しながらも、必ずしもそう限定していないのは、このような「一人でいられる能力」の達成とかかわっていると考えられる。つまり、他者といながらにして「一人でいる」ことが可能であることで、「自分であることを取り戻す」ことができるのである。

他方、現在の若者が、現実に一人でいる間にも、インターネットや携帯電話を用いて他者とつながるのは、いかなる理由によるのだろうか。その背景として、「承認を求めるあり方」が強まってきていることが指摘されている(斎藤, 2013；土井, 2014a)。他者から承認されることは、自分の生き方やあり方を定める上での肯定感を生む。ただし、どのような他者からの承認でもよいというわけではない。「自分の生殺与奪の権利すら握る強力な存在だからこそ、否定されたときの衝撃も大きい代わりに、承認されたときの安心感も大きい」(土井, 2014a) と述べるように、権威的な他者からなされるからこそ、承認は効力をもつ。しかし、現代においては権威的な他者の不在が指摘されている。例えば河合 (2013b) は、現代の家族が密着していることについて「原理がなくなってしまい、また構造を担い、権威を担うエージェントがいなくなってしまったことが大きい」と述べている。そうした権威を担う存在がいなくなってしまったことで、子どもや若者は、横並びの、自分と同質な他者から承認を求めることになるが、「自分と対等な他者からの承認には絶対的な安定感がなく、充足感を覚えることも難しい」(土井, 2014a)。したがって、いつまでも安心することができず、絶えず承認を求め続けることになる。自らを肯定し、指針を定めるために必要な権威が内在化されていないと考えられるこうした状況は、「一人でいられる能力」が十分に機能していないと考えることもできるかもしれない。

4.「キャラ」として規定される自己

インターネットをはじめとする電子メディアとそれに伴う対人関係のあり方の変化は、我々の意識やパーソナリティのあり方に変化を生じさせている側面がある。メディアにより対人関係が拡大し、多領域化した今日、我々は場面ごとに異なる「自分」を使い分ける必要に迫られるのであり、ある状況と別の状況における「自分」の間に一貫性がないこともまれではない。こうした自己や対人関係の状況に関連する概念として「キャラ」が挙げられる。本節では「キャラ」と「居場所」の関係について論じる。

現代の若者の対人関係と、それに伴う自己の規定のされ方に関するものとして「キャラ」という概念がある。「キャラ」とは、キャラクターの略語であり、英語のcharacterは性格や性質、気質などを表すが、今日、日本において特に青少年の対人関係の文脈で「キャラ」と言うとき、その意味するところは、英語のcharacterとは異なっている。「キャラ」という言葉が日本において使用されはじめたのは、斎藤 (2011) によれば、1980年代である。今日では、それは「いじられキャラ*70」や「天然キャラ*71」といったように、何らかの特徴を表す言葉を前に伴って使用されることが多く、アニメや漫画におけるキャラクターのように、一面的な性質を強調して個人を認識する際に用いられる。

「いじられキャラ」を例にすると、集団内である個人が「いじられキャラ」とされるとき、その個人が他者から「いじられ」がちであることを意味すると同時に、集団からのその人物へ対する「いじり」が暗黙の裡に許容されている。そして、その個人は「いじられる」ことを許容するような性質があるものとして、集団の他者から認識される。「いじられキャラ」と称されるような人物は、他者から「いじられる」ことが集団内での役割、あるいは「生業」になってしまっている側面があり、「いじられる」ことで、あるいは、極端な場合には「いじられる」ことによってのみ集団の一員として有機的に機能するような側面がある。

4–1. 個人の性格とキャラ

斎藤（2013）は、キャラについて、必ずしもその個人の性格とは一致しない、本質とは無関係な「役割」であり、ある人間関係やグループ内において、その個人の立ち位置を示す座標であると述べている。キャラは集団内で自然発生的に棲み分けが生じるものであり、一度その人物の「キャラ」が決定されると、それは個人の意志で容易には変更できず、キャラにふさわしくない行動が許されなくなる（斎藤，2013）。「キャラをはみ出す」ことは忌避されるようになるのである。

上述の例で言えば、一度「いじられキャラ」となった個人は、その集団に属している限りは集団の他者から「いじられる」ことを甘んじて受けねばならないし、逆に、例えば集団内の別の人物をいじる側に回ることなどは許されない。それは自分の「キャラ」からはみ出すことにつながる。「天然キャラ」となった個人は、たとえ「天然キャラ」とまわりからみなされるようになったきっかけが、たまたまの勘違いによる空気を読まない発言だったとしても、その後も集団内の他者から「天然」であることを期待されるのであり、そのキャラを壊さないために、「空気を読んで空気を読まない振る舞いをする」というパラドキシカルなあり方が求められることになる。

したがって、「キャラ」というあり方は、本来多様な面をもつ個人を、その集団内において、記述可能な一面的な性質に押し込めてしまうように機能する。

「キャラを生きる苦痛とは、自らの固有性を抑圧しながら、与えられたスペックに従わされる苦痛である」（斎藤，2013）。

4–2. キャラ化した対人関係の浸透

この「キャラ」というあり方を基準にした対人関係のありようは、今日、子どもや若者の間で広く生じてきている。土井（2014a）は、「今日の子どもたちは、自らの人格イメージを単純化・平板化させた外キャラを演じ合うことで、価値観の多様化によって複雑化した人間関係を、しかし破たんさせることなく円滑に回していこうと必死になって」いると述べている。また、斎藤（2013）は「思春期事例の治療相談においては、『キャラ』の理解なくしては、彼らの悩みに共感すること自体が難しくなってしまう」と述べている。今日における青年期や思春期の若者においては、「キャラ」という、人格の複雑性を捨象し、決して本人の内面と一致するとは限らない一面的特徴を介したつながりが優勢となっているのである。

本章で「キャラ」を取り上げた理由は、この「キャラ」という対人関係における自己の規定のされ方が、「居場所」の問題と関連していると考えられるためである。次節では、「キャラ」と「居場所」の関連について論じる。すなわち、キャラというあり方に特徴づけられた対人関係のコンテクストにおいては、「居場所」はどのようなものとして捉えられているのか。

4–3. 「キャラ」と「居場所」

「キャラ」という自己規定のあり方は、今日、「居場所」という語を伴って語られやすい。斎藤（2013）は、「現代の学生は教室のような限られた空間において自分の居場所を獲得するために『キャラ』を必要とする」と述べている。岩宮（2009）も思春期の子どもの集団コミュニケーションについて述べる中で、「クラスでの人間関係のなかでも、会話に『ツッコミ』を入れたり、人を『いじったり』して上手くトークを回していく子がいたり、おいしく『いじられる』ことによってキャラが立ち、クラスのなかである種のポジションを獲得して居場所を確保している子もいる」と述べている。土井（2014a）も、キャラを「人間関係というジグソーパズルを組み立てている個々のピースに当たる」とし、「集団のなかに独自のピースとして収まっているかぎり、自分の居場所が脅かされることもありません。その点から見れば、キャラとは、集団の中に自分の居場所を確保するための工夫の一つともいえる」と述べている。

つまり、「キャラ」という集団の中での役割や立ち位置を獲得し、その「キャラ」として振る舞うことが、集団において「居場所」を得ることにつながるのだという。「キャラ」が確立されれば、集団の中にいてもよいということになり、逆にキャラがなければ、集団の中での個人の立ち位置や「居場所」は曖昧なものとなる。

「キャラ」と「居場所」の関連を考慮する上で、「キャラかぶり」と呼ばれる現象についても検討したい。「キャラかぶり」は、文字どおり、自分の「キャラ」がほかの人の「キャラ」と重なることを意味する。キャラ化したコミュニケーションにおいては、集団の中で、個々人は「キャラ」によって差異化される。「キャラ」によって個別性が担保されるのである。本来であれば、個人には唯一無二の固有性が備わっている。もちろん他者との間に、部分的な性格の類似が見出されることも珍しくないが、個人は多面性を備えた個別的な存在であり、唯一の個別の歴史を生きている。したがって、集団内に限らず、世界の内にまったく同じパーソナリティの人物がいる、ということは原理的にありえない。しかし、集団の中の個人が「キャラ」というあり方で規定され、「キャラ」によってのみ差異化される場合には、個人の固有性や多面性を含んだ個性は背景に退き、集団の他者とのコミュニケーションに現れ出ることはなくなる。「キャラ」とは、一面的な性質を強調したイメージである。別個の人間が、しかし同一の集団内において、ほかの成員からいじられるという点で共通しているとき、この二人は共に「いじられキャラ」であるという点で、そのほかの性質がどんなに異なっていても、「キャラ」が「かぶる」ことになるのである。「キャラ」によってのみ差異化され、個別性が担保される関係性にあっては、他者と「キャラ」が重なることは、即、その個人の立ち位置を危うくする[*72]。その意味で、「キャラ」であることによって得られる「居場所」は、記述可能な単純化されたイメージに基づいたものであり、簡単に喪失しうる、椅子取りゲームの椅子のようなものである。唯一無二の固有性をもった個人として「居場所」を得るのではなく、人格の複雑性や歴史性、固有性を捨象して、自分の内面と一致しているとも限らない「キャラ」を演じることで「居場所」が与えられるのである。そして、所属する集団が変わったときには、新たな集団でまた新たに「キャラ」を演じなければならない。ある集団に属しているときに「いじられキャラ」であった個人が、別の集団に移ったときに、移った先の集団にすでに「いじられキャラ」がいるならば、その個人は、自分がこれまで演じてきた「いじられキャラ」とは別のキャラを確立し、「居場所」を得なければならなくなる。

4-4. 調査事例における「キャラ」と「居場所」の関係

ここで、第1章で紹介した20歳女性の調査事例の語りを再び掲載したい。

> そのクラブの人から私のキャラというか、私、結構いつもわざと笑ってるようにしてる。それは本心ではないんですけど、そのせいで、この人はいつもそんなに深く物事を考えてないし、能天気だしって感じでみられて……。〈クラブの集団にいるとき？〉不安に近いですね。いつも頑張って、今ここでどういう行動をとればいいのかを必死で考えてます。相手が私に何を期待してるかなってことですけど、それ考えないと、それ裏切ってしまうと、失望されてしまうというか、居場所がなくなってしまうような不安はあります。…(略)…たまに、本音を強く出すと、クラブの人は距離を置くというか、離れていきますね。〈距離を置かれたとき〉やっぱり本音を出しちゃだめなんだなって。…(略)…〈そのクラブにいるときの自分〉無理してる自分ですね。

第1章においては、この事例で言われている「居場所」が必ずしも従来の「安心でき、自分らしくいられる場所」ではないが、それにもかかわらず、彼女にとっては失うことを恐れるものであることを確認した。「キャラ」に関する理解を得た今では、この調査事例の語りにおいても、また別の側面が浮かび上がる。すなわち、彼女が失うことを恐れている「居場所」とは、まさに「キャラ」であることによって与えられた「居場所」として考えられる。

彼女は、クラブの集団の中で「深く物事を考えない能天気なキャラ」として承認されている。その「キャラ」は彼女の「本音」、つまり彼女の「自分らしさ」と合致しないものである。しかし、そのような「キャラ」を、クラブの他者は彼女に期待しているのであり、彼女自身もそれを自覚している。彼女が「本音」という「自分らしさ」を出すことは、「キャラ」からはみ出すことであり、クラブの他者は彼女と距離を置き、離れていく。「キャラ」からはみ出した行動が、「居場所」の喪失につながるのである。彼女がクラブにいるためには、「深く物事を考えない能天気なキャラ」でいることが必要なのであり、その「キャラ」としてしかクラブにいることができないと彼女には感じられている。

これまで本書で行ってきた考察を敷衍すれば、「キャラ」を演じるあり方は、「偽りの自己」(Winnicott, 1965) の機能と重なるところがあると考えられる。つまり、集団という環境から自然発生的に割り当てられたキャラを、自分のキャラとして演じることができるのは、「偽りの自己」の機能である。その意味で、彼女の「本当の自己」は隠蔽され、保護されている。ただし、キャラを演じることで得た「居場所」は、それを維持するために、キャラからはみ出すことを許さず、「偽りの自己」として振る舞い続けることを要請する。キャラに与えられた「居場所」は、依存が抱えられる「居場所」ではなく、したがって中間領域でもない、「遊び」を許容しない「居場所」である。そこでは、「本当の自己」が顔を出すことはなく、隠蔽され続けている。それゆえに、彼女はいきいきすることもできなければ、実在感を得ることもない。そこにあるのは偽りゆえの空虚感のみである。「キャラを生きる苦痛とは、自らの固有性を抑圧しながら、与えられたスペックに従わされる苦痛」(斎藤, 2013) なのである。

こうした文脈での「居場所」は、その個人が「キャラ」からはみ出さないことでやっと維持されるような、窮屈な「居場所」である。それは、安心できるものでもなく、場に依存しながらも自分らしさを発揮できるようなものでもない。自らの性質とは決して関係があるとは言えない、記述可能なイメージの同一性をなぞるための場所である。土井 (2014a) は、「キャラ化された人間関係では、その安定感が確保されやすいのとは裏腹に、そこにいるのが他ならぬ自分自身だという確信が揺らぎやすく」なると述べている。

5. 今日の「居場所」のコンテクスト

ここまで、現代的状況における「居場所」について、インターネットと「キャラ」に着目して検討してきた。1980年代に、フリースクールを原型として概念化されてきた「居場所」は、少なくとも日常的文脈においては、今日ではそのありようを変えてきているようである。

今日では、インターネットを介して、バーチャル空間に比較的容易に「居場所」を見出すことが可能となっている。そこでは、自らと同質性の高い不特定の他者と選択的につながることが可能であり、比較的自由に自己表現でき、加えて他者からの否定的な反応を、現実社会に比べある程度コントロールし、少なくすることができる。それは現実社会において「居場所」が見出せない場合には、本人にとって貴重なものとなる一方で、バーチャル空間における「居場所」は、身体性を欠いた「居場所」であり、匿名的であるがゆえに、他者が重みをもたず、個人の否定的・病理的な側面まで含めた「本当の自分」が抱えられるような「居場所」ではないという性質がある。

また、「キャラ」というあり方によって対人関係の中で保障される「居場所」は、記述可能な単純なイメージを演じることによって与えられる「居場所」であり、その「キャラ」を守る限りにおいて確保されるものであるが、キャラをはみ出したり、他人とキャラがかぶったりすることで、常に失われる恐れのある「居場所」である。したがって、どれだけ「居場所」があると言っても、自らが交換可能な存在であるという、実存的不安が消えることなくつきまとう。自らの固有性に根ざした「居場所」ではないのである。

これらの二つの「居場所」を考えると、いずれも、フリースクールを原型として概念化されてきた「安心でき、自分らしくいられる場所」としての「居場所」とは異なっており、また本書で見てきたような、依存を抱えられ、身体性を伴った、「本当の自分」として「いること」を保障されるという意味での「居場所」とも異なってきているようである。加えて、インターネットに接続可能な携帯電話が広く普及した現代的状況においては、私的空間が消失し、一人でいる「個人的居場所」ももちづらくなっている可能性もある。

「居場所」という言葉は、今日、このようなコンテクストにおいて用いられるようになってきている。

6. 現代的状況における心理療法の意義

こうした現代的状況にあっては、心理療法はいかなる意義をもつだろうか。

心理療法は、クライエントとセラピストの二者関係において営まれる。それは、面接室という特殊な場所に、二人の人間が実際にその身を携えて「いる」営みである。それが前提となっており、その上で、その場においてクライエントが語り、自らを表現し、セラピストがそれを聴いて、もの想いにふけり、クライエントに自らの理解を伝えたりする。これは、心理療法においては当然の前提であるが、社会的状況が変化してきている今日においては、こうした時空間は必ずしも自明ではない。クライエントは、少なくとも面接の間は、「常時接続」されていた、ネットを介した他者とのつながりを離れ、セラピストという現実の他者との一対一の関係を生きる。

面接のための安定した環境が整えられ、セラピストとクライエントの間に信頼関係が形成されたとき、クライエントはセラピストに対して「依存」を達成し、面接空間は「居場所」となる[*73]。こうした状況の中で、セラピストはクライエントにとっての中間的な対象となり、またクライエントとセラピストの中間領域が重なり合い、クライエントとセラピストは「遊ぶ」ことが可能になる。

このような関係性は、クライエントとセラピスト、双方において、身体感覚や、面接室における自由度といった点からも記述できる。足を固く閉じ、荷物を膝の上に乗せ、背筋を伸ばした状態で話していたクライエントが、ある回からその荷物を隣の椅子に置き、足を少し楽にしだしたとき、また、例えばセラピストが、身じろぎできないような雰囲気を感じとり、面接中は身体をほとんど動かすことができず、終わった途端にどっと疲れが出るようなセッションが続いていたのが、あるときから面接中に身体を動かせるようになってきたような場合、それは信頼関係が形成されるとともに、両者の間に「遊び」が生まれはじめている状況であり、クライエント側からみれば、セラピストや面接室に対する「依存」が生じはじめていると言える。とりわけ、「いること」は、面接室においては、齋藤(1995)が述べるようにまず身体に担われていることを考慮すれば、この段階における身体のありようは重要である。

また、このような段階で、クライエントからセラピストに具体的な依頼が生じることがある。それは、例えばセラピストに何か答えを求めるような問いかけだったり、医療機関での心理療法であれば、「自分の状況をドクターに説明してほしい」といったような依頼だったりする。こうした依頼は、一種の行動化であるが、クライエントの依存の表れであり、セラピストはその意味を読みとりながら、クライエントに理解を伝え、共有していくことで、面接室がクライエントの「居場所」となっていくと同時に、クライエントは自らについての理解を深めていく。

このように依存が達成された場面においては、クライエントは「遊ぶ」ことが可能になり、「本当の自分」としていることが可能になる。ウィニコット(1965)が「偽りの自己」の分析は不毛に終わり、「分析可能なのは本当の自己である」と述べているように、ここでの「本当の自分」は、分析の対象となるクライエントの無意識的なあり方でもある。快感原則に従う一次過程の思考が、しかし野放しに充足されるのではなくセラピストという他者によって取り上げられ理解を伝えられるという点で、面接空間は単純に居心地の良い場所ではありえない。クライエントは、面接室において自らの無意識と出会い、セラピストとともにそれを眺め、考えることで、自らを新たに語りなおしていく。それは、クライエントの固有の歴史と身体に根ざしたあり方であり、個別性に開かれたあり方である。キャラを生きる「予定調和」の世界とはかけ離れたあり方である。

現代的な状況が、個人に、交換可能なあり方や、断片化したあり方を迫り、個人の否定的・病理的な側面までも含めた「自分」として、他者との間にいることを許容しないとき、心理療法は、セラピストという具体的な他者との現実的関係の中で「居場所」を得て、身体を含めた自らの無意識的なありように開かれながら、固有の歴史を語りなおしていく試みとして、意義があると考えられる。心理療法の中でもたらされるこうしたあり方は、交換可能なあり方や、断片化したあり方を現実生活で生きねばならないクライエントにおいて、断片をつなぐ起点となる一つの特異な「居場所」となると考えられるのではないだろうか。

7. まとめ

本章においては、現代的状況における「居場所」の使用について着目しながら、現代を生きる我々の心のありようについて検討した。その際、特にインターネットにおける「居場所」と、「キャラ」というコミュニケーションのあり方における「居場所」について着目した。インターネットにおける「居場所」は、同質性のある他者とつながることを容易にし、自分を否定される可能性が低く、比較的自由に自己表現が可能な場として捉えられた。しかし、それは身体性を伴わない「居場所」であり、匿名的であるがゆえにしばしば断片化しやすく、また自らの否定的・病理的側面を含んだ「自分」が具体的な他者から受容され抱えられる契機に乏しい場所であることを論じた。

他方、「キャラ」というありように特徴づけられた対人関係における「居場所」は、一面的で記述可能な性質である「キャラ」を演じ続けることによってしか確保されない「居場所」であり、個人の人格の多様性や固有性は排除されていかざるを得ず、交換可能な存在としてあることを個人に迫るような「居場所」である。すなわち、現代を生きる我々のありようは、対人関係における身体性の衰退と、否定的・病理的側面まで含めた「本当の自分」の捨象、固有性を排した交換可能なあり方が、その特徴となっていると考えられる。

こうした現代的状況に鑑みたとき、セラピストという具体的な他者との間で営まれる心理療法の現代的状況における意義を指摘した。すなわち、心理療法はクライエントとセラピストが身体を携えながら面接室という場に「いること」であり、面接室やセラピストへのクライエントの依存が生じることで、否定的・病理的側面も含んだ「本当の自分」が抱えられ、自らの無意識に開かれながら、固有な生を歩んでいく作業であると捉えられる。

終　章

心理臨床と「居場所」

まとめにかえて

1. 本書のまとめ

本書では、心理臨床における「居場所」について扱ってきた。「居場所」という概念は、心理臨床において重要性を帯びながら、多義的な日常語の概念でもあり、それゆえ、「居場所」や「居場所のなさ」と言うとき、必ずしもその意味するところが自明ではなかった。本書の目的は、このような曖昧な日常的概念である「居場所」について、概念としての成立過程を理論的に研究し、その輪郭を明らかにするとともに、心理臨床における「居場所」という視点の意義を明らかにすることであった。

それゆえ、本書は2部構成でなされた。第I部においては、上述の目的に鑑み、「居場所」概念の理論的検討がなされた。第II部においては、心理臨床的事象について「居場所」との関連から論じ、心理臨床実践における「居場所」の意義について検討した。

第1章においては、「居場所」概念が今日のように心理的次元の意味を伴うようになった過程について検討した。元来は「人のいるところ」「いどころ」といった、人の物理的な所在を表すとされていた「居場所」という言葉が、「安心でき、自分らしくいられる場所」といった心理的意味を付与されて用いられるようになった経緯には、1950年代からわが国においてみられるようになり、1970年代以降、大きな社会問題となった不登校の問題が関係していた。学校にも行けず、家庭でも居心地の悪さを抱えた「居場所のない」不登校の子どもを支援する目的で、1980年代からフリースクールが設立されはじめたが、これが今日的な意味での「居場所」の原型となった。ただし、それ以前の「居場所」の語の使用例についても検討したところ、社会の中の役割や、自己の存在の基盤を表すメタファーとしての使用例はすでに不登校の問題が登場する以前にも存在していたことを確認した。

他方、「居場所」に関しては概念化がなされた1980年代以降、膨大な数の研究がなされている。しかしながら、いまだに定義やその性質についての共通の理解は十分に得られていない。本書ではこうした定義をめぐる困難についても検討した。「居場所」という現象は、主観的側面と客観的側面の両方があり、空間に見出されることもあれば関係に見出されることもある、きわめて中間的な性質を備えたものである。日常的文脈においてはそれが顕著であり、かつ、臨床実践を考慮したときにも、そのように捉える姿勢が有用である。したがって、それはメタファーやイメージとして捉えるのが実情に即したものである。

第2章においては、「居場所」概念の成立過程における、日本の文化的心性の影響について検討した。「対人恐怖症」と「甘え」という、日本文化に特徴的な現象に着目し、検討することによって、日本人の文化的特性、すなわち、「自分」を成立させ、形成するにあたり、「ウチ」と呼ばれる関係性を基盤とし、その関係性は「甘え」という依存を表す情緒に特徴づけられていることを確認した。不登校とは、そうした「場」の喪失であり、それゆえ、不登校の支援として、こうした場を提供するものとしての「居場所」が重視されたと考えられた。また、歴史的には、近代以降、西洋の「個の倫理」に基づいた近代的自我を確立しようとする傾向が日本においてもみられた。それは「自分探し」という現象においても見出されるものであるが、そこで求められる「本当の自分」は、居場所という「場所」によって成立すると捉えられたところに、日本の文化的特性があるとも考えられた。

第3章においては、「居場所のなさ」について調査研究によって明らかにすることが試みられた。青年期の個人が所属集団において体験する居心地の悪さを「居場所のなさ」の一様態とみなし、質的研究法を用いて検討した。その結果、集団において居心地の悪さを感じている個人は、集団の他者との間で異質性と疎外感を相互強調的に体験し、「いること」が揺らぎ、「自分らしくない」感覚を体験していることが明らかになった。

第4章においては、「居場所」と「自分」という主体が「いること」の関係について論じられた。「自分」の成立にあっては、ウィニコット（1965）の言う「本当の自己」が、絶対的依存の段階において、環境としての母親から適切に抱えられることにより、「自分」が「いることの連続性」が保障される。したがって、「居場所」において「いること」が保障されると言うとき、それは「本当の自分」が環境に抱えられ、「いること」を保障されるのでなくてはならない。「本当の自分」とは、必ずしも肯定的なものではなく、傷ついた自分や、バラバラの自分といった、否定的な、病理的な側面も含むものであり、そうした「自分」が抱えられることが重要となる。加えて、「居場所」と身体、アイデンティティの関連についても検討した。

第5章においては、「居場所」と心理臨床実践との関連について検討された。「居場所」は多義的な性質があるゆえに、心理臨床実践においても、その文脈によって強調される側面が異なる。便宜的に複数の水準の病理に対応させながら、「居場所」の諸相、すなわち、セラピストから提供され、クライエントから意識されることは少ないが、クライエントとセラピストの身体を抱え、心理療法過程を支える環境としての「居場所」の側面と、クライエントのセラピストへの依存をめぐり、その達成への希求と失敗とが重要となる「居場所」の側面、また、クライエントが現実社会において見出していく「居場所」の側面を提示した。これらの現象自体は、従来の心理療法に関する議論においては決して新奇なものではないが、「居場所」と関連づけることで、「居場所」という視点のもつ射程を示した。

第6章においては、「居場所」の現代的状況について検討された。一つにはインターネットというメディアを介して見出される「居場所」であり、もう一つには、「キャラ」という対人関係のあり方から見出される「居場所」であった。これらの「居場所」は、第5章までで論じてきた「居場所」と異なる性質があり、インターネットの「居場所」においては、身体性を欠き、否定的側面を含めた「自分」を引き受けていく契機の乏しさが指摘された。また、「キャラ」であることによって確保される「居場所」は、「キャラ」と異なる自分の側面を表現することを許さず、個人に自らの存在の固有性を実感させない、すなわち個人の実存的感覚を保障しない「居場所」である性質が確認された。こうした「居場所」の現代的状況を考慮したとき、セラピストという具体的な他者との関係において営まれる心理療法の意義について検討された。

2. 本書の意義と限界

本書の目的は、曖昧で多義的な概念でありながら、人間にとって重要な概念であるとも考えられる「居場所」を、心理臨床実践の文脈において、実践的に意義ある概念として深化させようという試みであった。第I部において、従来の研究においては論じてこられなかった「居場所」概念の性質および成立過程について、その定義困難性を検討し、また日本文化との関連を論じたことには、一定の意義があったと考えられる。加えて、第II部において、「居場所」と関連する心理的苦痛である「居場所のなさ」や、「居場所」が主体とどのように関係するのかといった点について検討し、心理臨床実践において「居場所」という視点がもつ意義について論じたことにも、本書の試みの意義があったと考えられる。

曖昧で多義的でもある「居場所」が、心理臨床の実践においてはいかなる相で現れるのかを論じるために、本書では心理臨床において根幹のテーマである「主体」や「身体」、また「文化」といった現象についても触れることになった。これらはどれもが深大なテーマであり、筆者の力量では、それぞれのテーマがもつ歴史を十分に踏まえた上で扱うことができたとは言い難い。それゆえ、ともすると、各章で論じられている内容は、心理臨床学においてすでに重ねて論じられてきた内容の域を出ない印象を与えるかもしれない。しかし、「居場所」という日常的で多義的な概念を、心理臨床におけるこうした本質的現象と関連づけた点に、本書のささやかなオリジナリティがあると思われる。その点において、「居場所」という概念が、どのような心理臨床的射程をもちうるかということは提示することができたと考えられ、本書はその目的の一端を果たしたと言える。

ただし、課題も残された。第一に、方法論の問題を挙げることができる。心理臨床における「居場所」を扱うとしながら、実際の心理臨床事例を扱わなかったことは、方法論上の問題としては小さくないかもしれない。しかし、本書のテーマは、臨床実践を離れた机上において生じ、そこで展開されたものではない。それは筆者のこれまでの臨床実践の中で着想され、くり返し問いなおされてきたものであり、本書においても、心理臨床事例を記載しないからこそ、絶えず臨床実践との関連を意識しながら検討を行ってきた。

また、第3章においては、「居場所のなさ」の実態を明らかにする目的で調査研究の手法をとったが、対象を青年期としていることと、M-GTAという方法論の性質から、ここで見出された知見を一般化することは難しく、加えて「居場所のなさ」と表現される心理的事態を汲み尽くしているとも言いきれない。ただし、青年期という、移行が重要な課題となる時期における「居場所のなさ」を扱ったことで、その本質的要素を抽出できた面があるのではないかと考えられる。

また、第6章において現代的状況を考慮するとしながら、十分に論じることができなかった点がある。それは「発達障害」あるいは自閉症スペクトラム障害（以下、ASD）についてである。

心理臨床が対象とする病理や問題については、時代の経過とともに、中心的に扱われる主題の変遷がある。対人恐怖症がひところに比べ減少し、その特徴的な症状が変化している（鍋田，1997；河合，2010）ように、また、今日では統合失調症の軽症化（例えば、内海，2012）ということが言われるように、一つの疾患にもその患者数の増減や、軽症化などの傾向の変化がある。対人恐怖症や統合失調症、境界例といった病理が一時に比べ減少したのに対し、2000年以降心理臨床領域において注目されてきているのが「発達障害」である（河合，2010）。インターネットをはじめとする電子メディアが日常にあふれる現代社会自体が「発達障害」化しているとも言われている（田中康裕，2010）。「居場所」の現代的状況について論じる中で、こうした発達障害のクライエントにおける「居場所」の意味について、第6章において十分に論じることができなかった。

当然、「発達障害」のクライエントに対しても、「居場所」という視点からの支援は行われている（例えば、柴田ら，2011）。すなわち、定型発達者とは異なる発達をたどり、その特性ゆえに他者との間で生きづらさを抱える発達障害やASDのクライエントに対して、彼らの特性が「個性」として受容され、脅かされることなく対人的経験を積み、社会的スキルを習得され、自己肯定感を高めていくことができる環境としての「居場所」が確保されることで、彼らの生きづらさを軽減することを目的とした支援である。このような環境が、発達障害やASDのクライエントに保障されていることが重要なのは言うまでもない。

しかし一方で、木立ら（2014）は実証研究において、自閉傾向が高い場合は「居場所」の有無が精神的健康に影響しないという結果を得ている。すなわち、受容的な環境である「居場所」があっても、発達障害やASDにおいては、それが精神的健康とは結びつかない可能性が示されている。上でも述べたように、支援者から提供される、抱える環境としての「居場所」は、彼らが脅かされずにいることができる場所として、彼らが社会で生きていくための助けとして重要である。しかし一方で、発達障害やASDの病理は、定型発達の人が他者との関係を通して自然に得られる安心が必ずしも自明には得られないところにその深刻さがある。松木（2011）は「〈発達障害〉や〈アスペルガー障害〉の人たちは、『快』もきちんと味わえていない。…（略）…〈発達障害〉や〈アスペルガー障害〉の人たちでは、快を分かち合うためにも周りの人たちの強い思い入れが必要である。これらの自閉症性の病理は、快感原則までも確立されていないところにその重篤さがある」と述べている。このことと関連して、発達障害の中核的な病理を「主体のなさ」（河合, 2010）や、他者からの志向性に触発されないがゆえの自己の立ち上がらなさ（内海, 2015）として捉える研究もある。「自分」の成立に困難がある発達障害やASDのクライエントにおいては、「居場所」においても「本当の自分」といったものが実感されないか、仮に彼らが「これが本当だ」と感じても、そこから生活全般における諸経験を統括し、他者との関係を営んでいく主体としての「自分」としては機能していきづらい*74。こうした事情を考慮すれば、発達障害やASDに関しては、その主体や自己の成立の問題から「居場所」との関係を論じることが必要であるが、これについては、今後の課題としたい。

本書は、その目的ゆえに「居場所」を過度に実体化して扱う側面があったかもしれない。概念そのものを主題的に扱うことは、ともすると現実の心理臨床実践の文脈を置き去りにしかねない。しかし逆説的であるが、理論的検討を徹底することによって、その概念が十分に相対化され、臨床実践における使用に堪えるようになるとも言える。本書はそのための試みであったとも言えよう。北山（1993）は、「自分」という日常語について検討する中で、「言葉は皆のものであり、誰もが自由に使ってよいので、『自分がない』という表現についても、その意味は面接の前は決定できない」と述べているが、同様の態度が、「居場所」の概念を用いる際にも重要であると言える。「居場所」が心理療法の中で問題となるとき、そのありようは個々のクライエント、また毎回の面接ごとに異なりうる。セラピストは、そうした、そのつどの意味に開かれていることが重要なのは言うまでもない。

3. 今後の展望――心理臨床と「居場所」

今日の社会について、松木（2010）は「科学技術が進歩し貪欲さを無限に刺激する現代は、超ナルシシズムの世界である。それは、フロイトの用語で言うなら、快感原則のみに生きている一次過程 primary process の世界である。すなわち、生まれたての新生児が体験しているように、欲望は直ちに充足され、不快・苦痛は直ちに排除される。…（略）…そこでは、現実を見つめ熟考することという現実原則に基づいた二次過程 secondary process は嫌悪される」と述べている。立木（2013）も同様に、「どんな電化製品や電子機器もボタンひとつでこちらの期待するパフォーマンスを示してくれる時代に、いかなる困難が私たちに快の中断を強いるというのか。ありとあらゆる情報をインターネットから瞬時に取り出せる時代に、快の一時停止を強い、不快に耐えることを求め、いつまで続くかも分からない迂回を欲望に課す思考の出る幕はない」と述べている。現代の社会において、科学技術の進展のもと、不快を排除し、「便利さ」に象徴される快を求める傾向は、およそ不可逆的に進んでいるように思われる。それに伴って、不快や苦痛を抱え、そこに意味を見出していくという心のありようは顧みられなくなりつつある。

生活における技術的側面のみでなく、対人関係の領域にも、同じことが生じているように思われる。今日の我々は、対人関係において生じる不快や葛藤を極力排除しようとする。わずらわしい人間関係は避け、自分にとって不快が生じない人とのみ付き合おうとする傾向は、例えば学校において、同じクラスに属しているというだけでそこに人間関係、すなわち共同体的な関係が生じるわけでなく、「イツメン」という限定された対人関係のみを子どもがもとうとすることにも現れている。付き合う人間を選択しようとする傾向がそこにはある。そして、彼らはその限られた関係性の中でさえ、対人葛藤が生じたときに、必ずしもそれに向き合うとは限らない。「キャラ」というあり方の目的が「コミュニケーションの円滑化」(斎藤, 2013) であるように、不快さが生じる上に決して報われるとは限らない他者との衝突を避け、対人関係がたとえ表面的にでも「円滑に」回っていることが重要となっている。そこには「本当の自分」といったものが現れる余地はないように思われる。

こうした状況を考えたとき、「居場所」ということの意味もまた変化していくのは避けられないことのように思える。それはすなわち、インターネット上の「居場所」にみるように、自らの否定的な側面や、他者からの否定的な反応に向き合う契機に乏しい、ただ居心地が良いだけの、無葛藤な、不快のない場所になっていく。心理療法ですら、訪れるクライエントは、困難や症状という不快の速やかな除去を期待するばかりで、その不快を抱え、その意味を考えながら自らに向き合っていくというプロセスは、もはや必要のないわずらわしいものとして感じられるようになるかもしれない。

しかし、たとえどれだけ不快や苦痛を排除しようとしても、それはなくなるものではない。電子メディアによる人間関係の常時接続化が、承認をめぐる絶えざる不安に拍車をかけるように、不快や不安は、我々の生の始まりから常にある本質的なものであり、なくなるものではない。したがって、問われているのはそれに対する向き合い方である。ひたすら排除し続けるのか、その意味を考え、「自分」を語りなおすのか。

ウィニコットが、絶対的依存から相対的依存を経て独立へ向かう幼児の発達過程を説くとき、そこには適切な母親による、適切な「失敗」の契機が含まれている。すなわち、幼児にとっては「不快」に他ならないこの失敗を、幼児がどのようにこなしていき、移行していくかが成熟の重要な要素となる。絶対的依存を環境としての母親に抱えてもらっている時期、自らのニードが魔術的に満たされている時期は、いつまでも続くわけではない。母親の育児への没頭の程度が時間の経過とともに徐々に減じてくるにしたがって、また幼児が成長するにしたがって、同じ環境が維持されることはなくなるのである。

このことに象徴されるように、「居場所」とは、必ず失われるものだとも言える。

居心地の良かった学校の仲間集団は、卒業という外的環境の変化に伴い、集団として形成される機会は少なくなる。家族という「居場所」でさえも、人間が変化していく存在である以上、まったく同じように「居場所」であり続けるとは限らない。特定の物理的な場所に見出される「居場所」であったとしても、同様である。したがって、「居場所」とは決して永住できる安息の地ではなく、一時の幸福な錯覚であると言った方がよいのかもしれない。我々は「居場所」を失い、また新たな「居場所」を見つけていくのであって、重要なことは「居場所」が失われることに耐えながら、移行をこなしていくことである。そこでは「居場所」が失われることの苦痛や悲哀にもちこたえることが必要になる。いずれ終結が訪れる心理臨床実践に「居場所」としての性質があるのであれば、それはクライエントが「いること」を抱えられながら、苦痛や不快、否定的側面をも含んだ「自分らしさ」を抱え、自らの固有な生を歩んでいくための作業をする場としてであろう。

注

序　章

＊1　こうした辞書的意味の「居場所」は、英語においてはplaceやwhereaboutsが該当する。

＊2　その心理的側面を強調する意味で「心の居場所」「心理的居場所」と表現される場合もある。しかし、そうした「心の」ないしは「心理的」という修飾語がつかなくとも、「居場所」という語のみで、今日においてはその心理的意味を十分に含意すると考えられる。したがって、本書では、単に「居場所」という場合と、「心の居場所」「心理的居場所」といった表現の間に区別は設けない。

＊3　「ありのままの自分」「自分らしい自分」「本当の自分」は「居場所」研究の文脈ではしばしば区別が設けられていない。これらはそれぞれ「ありのままでない自分」「自分らしくない自分」「本当でない（偽りの）自分」といった対置概念の存在を想定し、自己を複数の側面に分化させて捉える概念であるという点で共通している。日常的文脈においてもこれらはしばしば重なり合う。本書においても、これらの間に厳密な概念的区別は設けない。ただし、言語的表現が異なる以上はその意味するところに違いはあるとも考えられる。「ありのままの自分」と言うとき、そこには「繕っていない、偽られていない」という意味合いが生じる。「自分らしい自分」と言うときは「自分らしさ」のイメージや感覚が漠然とでも本人にはあり、そのとき参照される「自分らしさ」の基準は「ありのままの自分」「本当の自分」と重なりうる。「本当の自分」と言うときには、本当でない「偽りの自分」があることも同時に想定されており「本当」の方は、隠されていて表に出てこないが、しばしば「偽り」に比べ肯定的な価値が付与される。英語においては、「ありのままの自分」は“the way I am”あるいは“be oneself”があてられる。「自分らしい自分」は、「ありのままの自分」と同じ“be oneself”であり、「本当の自分」は“true self”または“real self”である。

＊4　現在は名称変更され、統合失調症となっているが、本書においては引用文中で旧来の名称である「精神分裂病」あるいは「分裂病」が使用されている場合は、そのまま記載する。ただし、それ以外の本文においては「統合失調症」の名称を用いる。

＊5　開始年度である2006年度は、京都府下の小学校28校、中学校20校に配置された。

＊6　もちろん、心理療法における「居場所」という言葉の意味は、個々のクライエントによって異なりうる。したがって、「居場所」を安易に定義づけ、そこから臨床実践に登場する「居場所」という言葉の意味を決定していくことは避けねばならない。本書は、

個々の臨床実践における居場所の意味を考えるための素材を提供する試みである。

＊7　例えば、自我・エス・超自我の三つの審級から心を捉えるフロイトの後期の構造論が記された著作は、日本語においては『自我とエス』と訳されているが、原題は "Das Ich und Das Es" (Freud, 1923) である。フロイトにおける "Ich" が、英語に翻訳される際に "I" ではなくラテン語の "Ego" が訳語としてあてられた。

第1章

＊8　なお、引用中の旧字体および旧かなづかいは、筆者により新字体、現代かなづかいに修正している。原文は以下のとおりとなる。

「その後、ゴルキイの書物かで、矢張り家族から離れて、庭先の青空の下に丸太や古板で小舎建てを仕様とする少年の姿が描いてあつたが、國柄や年代こそちがへ同じ時代の風潮や、自己に眼覺める年頃の似通つた氣もちなども、思ひ合わせられてほほゑましかつた。

獨居を求めるこのやうな抑へがたい少年の氣持ちなどを、獨りのものとして眺めてやる餘裕も今日では乏しくされてゐるであらう。進んで居場所を求めるよりも追はれがちでゐる者も多いと聽く。身を伸ばして眠るほどの場所さへない者もあるといふ。かういふ時世には、私たちの居場所とするところも心の上に築かれねばならない。

…(略)…物騒がしい時代に住んだ先人には、坐すに足る方丈の間を望みとした者もあつた。この心を何んとなく思ひ出してみると時代の距りにもおどろかれる。何人にも世に寄與の任あるを思はせられる今日の世相の一端に伴つて、私たちがそれぞれの自分の居場所を選び見きはめてみるというのも容易なことではない」(鷹野, 1942)。

＊9　この引用の中で、少年が独居、つまり個人的なスペースを作ろうとしている場面を指して述べられているのが興味深い。トゥアン (Tuan, Y.) (1982/1993) が指摘したように、西洋における近代的自己の成立には、個人空間の登場が関係している。

＊10　「国立国会図書館サーチ」を利用して検索した。なお、学術領域においては、建築学分野における紙野・加納 (1976) のものが検索結果として確認できる中では最も古い。紙野・加納 (1976) は、電車で人が座る位置を指すのに「居場所」の語を用いており、その位置関係と乗客の心理的安定性の関連について検討している。ただし、ここにおける「居場所」の語の使用法は、物理的な空間に占める位置という意味合いが強く、辞書的な意味を出ないと言える。

＊11　NII学術情報ナビゲータ (CiNii) を用いて、「居場所」のキーワードで検索した結果、1990年までは16件だったものが、1991年から2000年では437件あり、2001年か

ら2010年では1736件、2011年以降は2015年11月までで969件であった。このことからも、「居場所」に関する研究や論考が1990年代から盛んになされるようになり、2000年代以降も増加傾向にあることが分かる。

＊12 建築学においては、物理的空間をデザインし、形づくるという学問の性質上、「居場所」をあくまで物理的空間として捉える姿勢がうかがえる。ある空間が個人にとって居心地の良い「居場所」となるためには、空間がどのような物理的特徴や性質を備えている必要があるか、といった探求の方向性をとる。

＊13 杉本・庄司（2006a）の「居場所環境」とは、「自分ひとりの居場所」「家族のいる居場所」「友だちのいる居場所」「家族・友だち以外の人がいる居場所」の4種類の「居場所」を、個人がどのようなバランスで保持しているかについて捉える概念である。

＊14 他者からはどれほど居心地の悪そうな場所に見えても、それが本人にとってはかけがえのない「居場所」であることも少なくない。

＊15 「居場所感」という概念は、この主観的条件と客観的条件の問題を、「客観的条件に関する主観的認知を測定する」という方法で扱おうとしたものとも捉えられる。それは必然的に、「居場所」を「そうであるかそうでないか」という二分法的な捉え方から、「どの程度、居場所であるのか」という程度問題の次元で捉えることへのシフトを促すこととなる。

＊16 そのため、例えば自由記述などを収集することによって「居場所」の性質や意味を明らかにしようとする場合、その意味は回答者のもつ日常語としての「居場所」のイメージに左右されることになる。そしてそのイメージ自体が変化していく可能性があるのである。

＊17 藤原（2010）によれば「居場所」の定義は10の類型があるが、この調査協力者の語る「居場所」の意味は、そのどれにも厳密には当てはまらない。なお、藤原（2010）の挙げる10の類型を列挙すると、①社会生活の拠点となる物理的な意味での場、②自由な場、③居心地がよく、精神的に安心・安定していられる場もしくは人間関係、④一人で過ごせる場、⑤休息、癒し、一時的な逃避の場、⑥役割が与えられる、所属感や満足感が感じられる場、⑦他者や社会とのつながりがある場、⑧遊びや活動を行う場、将来のための多様な学び、体験ができる成長の場、⑨自己の存在感・受容感を感じさせる場、⑩安全な場、の10種類となる。ここで引用した調査協力者の語りにおける「居場所」の意味合いは、あえて近いものを探すならば、⑥や⑦になるが、ここで言う役割や他者とのつながりはいずれも良好で肯定的なものであるとされており、やはりこれまで定義されてきた「居場所」と、協力者が語る「居場所」は意味合いが異なると言わねばならない。

＊18　安心できる場所でも自分らしくいられる場所でもないクラブの中の「居場所」であるが、彼女にとっては無理をして本音を隠してでも失いたくないものとして体験されていることは興味深い。このような「居場所」を、一体どのようなものとして理解すればよいのだろうか。その詳細は後の議論（第6章）に譲る。

＊19　ただし、日常語がはらむ曖昧さは、厳密な定義が困難であるというまさにその点において、学問的議論を困難にする側面がある。藤山（2011）は土居の「甘え」理論が孤立性を有していることの一因を、日常語を理論の根幹に据えたことにあると指摘している。

＊20　もちろん、そのつどの具体的な関係性が生じるためには、「場所」が必要である。その意味で、具体的な他者との関係とは、場所抜きで成立するものではないことに留意する必要がある。

＊21　心理療法の原則に鑑みて望ましくない仮定であるが、不測の事態でふだん使用している面接室とは異なる部屋で面接をせざるを得なくなった場合に、クライエントとセラピスト、また面接経過に生じる影響を想像すれば、このことは了解されると考えられる。これは「枠」や「治療構造」の重要性として語られてきたことと関連している。

第2章

＊22　卑近な例だが、ツイッターでこうした表現を検索すれば、次のようなツイートが検索結果に表示される。“Why am I living? I’ m not adapted to this world. I don’t have my place.” ここで “one’ s place” という表現は、まさに「居場所」の意味である（それゆえ、このツイートを訳すならば、「私は何のために生きているのか。この世界になじめていない。私には居場所がない」といった訳になろう）。例えば「my place」というワードで検索すれば、これ以外にも同様のツイートが無数に検索結果に表示される。

＊23　原文では “place where a person feel a sense of peace, security, satisfaction, acceptance, belonging, and coziness” とされている。

＊24　原文では “a sense of comfort and psychological security that a person feels in specific locations they regularly visit” とされている。

＊25　ただし渡邊・石田（2005）においては、ドイツにおける不登校への対策として「生活の学校」の取り組みも紹介されており、この「生活の学校」は、日本のフリースクールがもっている性格と重なるところがあると考えられる。

＊26　河合（1976）や山中（2001）は、社会・文化との関連において不登校を捉えている。

＊27　「村八分」という現象がこのことを物語っている。

＊28 したがって、居場所を提供することは、実際には他者との関係の場を提供することに他ならない。ただその点を、「関係」と直接的に表現せずに「場所」として語る点に、日本文化的な特徴があるとも言える。

＊29 もちろん、「状況依存性」だけが、日本の文化と関連する対人恐怖症の特徴というわけではない。対人恐怖症の症状は、患者の主観的には「恥ずかしい」と記述できるようなものであるが、この「恥」に関連して、ベネディクト（Benedict, R.）（1946/1972）は日本文化を、欧米の罪の文化と対置して恥の文化であると捉えた。この恥の感情や、それと関係する自己愛の観点から対人恐怖症についても検討されている（例えば、鍋田，1997；岡野，1998，2014）。岡野（2009，2014）は、恥の他者への伝達のされ方に日米の違いがあるとし、そこから日本文化におけるコミュニケーションのあり方について考察している。

＊30 このように、無関係な他者といあわせている状況は、藤竹（2000）の言う匿名的居場所と重なる。こうした場所で「自分を取り戻すことができる」というのは、これが本来の自分であると意識して実感するというよりも、むしろ周囲に意識を払わずに私的内面を生きられることであると理解した方がよいだろう。自分を取り戻すとは、逆説的であるが、他者との間における自分ということを意識しない状態だと言える。

＊31 もちろん、ここで挙げた木村（2005）の論のほかにも、対人恐怖症が日本に多い理由に関しては様々に論じられている。例えば、河合隼雄（1976）は、「個の倫理」と「場の倫理」の関係から、個人の無意識の内で「個の倫理」に基づいて、自分の個性を際立たせたいという欲求が昂じたときに、「場の倫理」に基づいた関係をもてなくなり、対人恐怖になると論じている。また、河合俊雄（2013a）は、日本人が近代的主体を確立しようとしてきたことと関連づけ、主体的であろうとする人には共同体がまとわりつくように思えるがゆえに、共同体の他者との関係に齟齬をきたし、対人恐怖が生じるとしている。近代的主体を、「個の倫理」に基づいた主体のありようとして捉え、日本的な共同体を「場の倫理」に基づいた関係として捉えるならば、河合隼雄（1976）の主張と一致するものであると考えられる。

＊32 「文化的自己観」とは、「ある文化において歴史的に作り出され、暗黙の裡に共有されている人の主体の性質についての通念」（北山・唐澤，1995）を指す。

＊33 そのため、「居場所」における「安心できる」という要素を、「甘え」の観点から捉えることにも意義がある。実際に、小野田・吉岡（2014）においては、居場所感と「甘え」の関係について実証的に研究がなされており、関連が指摘されている。ただし、これは本書のように、その概念の成立過程における日本文化の影響を論じたものではない。

＊34　質問紙では集団の構成や、そこにおいて調査協力者が感じることなどについても記述式の回答を求めているが、本研究では分析の対象とはしなかった。

＊35　日本においてはこうした審判者としての役割を担うのは、その人にとっての「ソト」であり「世間」である。そのため、集団の中に形式的に属していても居心地の悪さを感じている個人は、心的には集団の外にいるのだと言える。

＊36　なお、ここで《集団での居場所がなくなる不安》と言うときの「居場所」とは、「安心でき、自分らしくいられる居場所」という意味ではなく、第1章における日常性の議論でみたように、個人が日常的文脈で用いる言葉としての「居場所」である。つまり、「居場所がなくなるのではないか」という不安を感じているという点で、すでに集団は、個人にとっての「安心でき、自分らしくいられる」居場所ではない。しかしながら、個人にとっては「居場所」という言葉でもって指し示されるものが集団の中にあり、それが脅かされていると体験されている。ここでの「居場所」の用法は、厳密に言えば定義から外れたものになるが、「居場所」の日常的意味を重視する本書においては、この矛盾は許容されなければならない。なお、ここで調査協力者が語る意味での「居場所」については、第6章においてより詳細に論じる。

＊37　もちろん、「居場所のなさ」において体験される「いること」の揺らぎは、「もう一人の私」の現象において体験される「自分」や「いること」の揺らぎや危機と完全に同列に語ることができるわけではない。自分の唯一無二性を、唯一無二であるはずの「自分」が別に現れることによって文字どおり根幹から否定し揺るがすのが、「もう一人の私」の現象である。一方、「居場所のなさ」において体験される「いること」の揺らぎは、自分が、「集団の他者や集団それ自体にとっての唯一無二の存在ではない」という事実を認識することにより生じる揺らぎであり、その場を構成する他者が自分を唯一無二の固有な存在として捉えているかどうか、という点が関係している。したがって、「いること」が揺らぐ契機が異なっていると言える。しかし、「いること」という自らの存在の揺らぎが生じるという点では、共通していると考えられる。

＊38　ここでは、役割への過剰な同一化が生じている。この役割への過剰な同一化を、クラウス（Kraus, A.）はうつ病者の特徴として挙げている。

＊39　こうした個人の複数の領域における「居場所」を総体的に捉えようとする概念に、杉本・庄司（2007）の「居場所環境」の概念がある。

第4章

＊40　beingは訳書によっては「存在すること」と訳されている。しかし、ここでは北山(1993)にならい、「いること」と訳したい。日本語においては、有情のものの存在について言うとき、基本的に「いる」が用いられる。英語で "I am here." と口語的に言うとき、日本語においては「(私は)ここにいる」となる。

＊41　以下のウィニコットの理論については、ウィニコット(1965/1977, 1971/1979, 1987/1993)からまとめる形で記載している。本文中の引用については、邦訳を参照したが、必要に応じて筆者が新たに訳出した。

＊42　日本語で「依存」という場合、「アルコール依存」や「ネット依存」のように、否定的な印象がつきまとう。こういった「依存」は、dependenceという意味合いもあるが、それ以上にaddictionとしての意味合いが強い。そこには嗜癖的で病的な性向がある。他方、dependenceと言うとき、そこで強調されているのは「頼ること」の意味合いである。適切な形で他者を頼ることは成熟の証でもあり、したがって「依存」という言葉には否定的な側面だけでなく、肯定的な側面がある。

＊43　ウィニコットは絶対的依存の時期の育児の失敗を精神病に対応させ、相対的依存の段階の失敗を、反社会的性向と対応させている。相対的依存の段階の失敗では、一度は幼児に実感された愛情が、母親の病気や、自分より下の子どもの誕生によって、幼児に供給されなくなる。つまり、一度与えられたはずの愛情が剥奪される体験となる。反社会的性向をもつ子どもの盗みや非行青年の問題行動は、剥奪された愛情を取り返す試みであるとウィニコットは考えている。

＊44　対象を認識せず、ニード(欲求)が環境としての母親に適切に満たされる幼児の状態を記述するのにウィニコットは万能感(omnipotence)という言葉を用いている。ただし、藤山(2011)が「こうした事態を表現するとき、ウィニコットはしばしば万能感という言葉を使うが、おそらく乳児は主体的に事態を『万能的に』統御している感覚を体験しているというより、単に何も知らないといったほうが適切であろう。彼は何も考えず、何も感じず、何も知らない」と述べているように、それは自己愛の病理にみられるような万能感とは質が異なる。

＊45　北山(1993)は、selfという言葉が欧米では日常的に用いられるという事実から、「自己」ではなく「自分」と訳した方が適切である場合があると述べている。しかし、ここではこれまで心理学の文脈でselfには「自己」をあててきたことを考慮し、「偽りの自己」と訳すことにする。

＊46　ただし、他者や環境に依存することへのアンビバレンスが患者にあるとき、これは簡単には達成されない。そのことについては第5章で論じる。

＊47　したがって、「本当の自己」とは無意識であり、分析の空間は、クライエントが治療者と「遊ぶ」ことができるようになり、クライエントの「本当の自己」がそこに現れることが目指されることになる。

＊48　ジョセフ・ルフト（Luft, J.）とハリー・インガム（Ingham, H.）による有名な「ジョハリの窓（The Johari window）」で示される自己の領域を思い浮かべればこのことは理解しやすい。「ジョハリの窓」においては、自己は四つの側面、すなわち自分にも他者にも知られている「開放の窓」、自分には知られているが他者には知られていない「秘密の窓」、自分には知られていないが他者には知られている「盲点の窓」、自分にも他者にも知られていない「未知の窓」がある。日常的な文脈で「本当の自分」と言うとき、自分は把握しているが他人には知られていない「秘密の窓」を指すことが多いと考えられるが、個人にとって無意識である「盲点の窓」や「未知の窓」もやはり「本当の自分」として重要である。

＊49　「自我は身体自我に基盤をもつ」（Winnicott, 1965）と述べている。精神が身体に宿ることが幼児期の一つの達成であり、幼児が心身相関的な存在になることによって、皮膚に相当する「境界膜」が生まれ、自分と自分でないものが分かれる。

＊50　それゆえに、解離というあり方において障害をこうむるのはこの感覚に他ならない。

＊51　したがって、「偽りの自己」が肥大化した人において障害されるのはこの「対他的同一性」の感覚である。

第5章

＊52　このような抱える環境の物理的要素の重要性と並行して、統合失調症の患者はしばしば、物理的環境の変化に敏感である。例えば、デイ・ケアで、ふだん使用している部屋の家具の配置を変えたりすると、統合失調症圏の患者はその環境の変化に敏感に反応する。

＊53　ここでは、「いること」の身体的側面が重視されていると言える。絶対的依存の時期においても、「いること」が達成されるために幼児は抱えられることが重要であるが、「抱えられる」ということが幼児の生活全般に言える比喩だとしても、それは第一には実際に母親に抱っこされることであり、身体を抱えられることである。

＊54　そしてまた、面接室は治療者を支えるものでもある。面接室にいることで、はじめて治療者は治療者として機能することができる。

＊55　ここでの治療者の役割は、むしろコンテイニングの側面から理解されるものであろう。

第6章

＊56　もちろん、「安心でき、自分らしくいられる場所」としての「居場所」がないことが、青少年を犯罪へと駆り立てたという論調は、説明力に乏しいことは言うまでもない。

＊57　河合（2010）は、対人恐怖症を日本人の近代的主体の確立の動きから生じてきたものとして捉えているが、共同体の力は弱くなっていても、日本人において近代的主体が確立されたとは言い難いとしている。

＊58　NTT docomoが1999年11月にiモードのサービスを開始している。

＊59　水野（2014）によれば、インターネットにおける活動は、大きく①情報の収集（インフォメーション）、②商品の取り引き（トランザクション）、③共同作業（コラボレーション）、④メッセージのやりとり（コミュニケーション）に分類される。

＊60　もちろん、メディアによるこうしたリアルタイムの対人関係の地理的制約の乗り越えは、すでに19世紀末に登場した電話によって、限定された形ではあるが始まっている。

＊61　ブログとは、ウェブログ（Web log）の略であり、「インターネット上に個人が公開する日記的なサイトの一種で、さまざまな情報を提供したり、プライベートな内容を記述することのできるコンテンツ」（笹倉，2011）を指す。

＊62　総務省の調べによれば、20代以下の若者の52.8％がツイッターを利用しており、フェイスブックは49.3％である（総務省，2015）。

＊63　ゲームを優先し続けるあまり、自らの生命を脅かす場合もある。2002年にはインターネットゲームを80時間以上プレイし続けた韓国の青年が、プレイ中に死亡した事件が報道され話題となった。

＊64　青木（2011）もインターネットのバーチャルな空間が、「心理的所属感の置き場所」になることを述べている。

＊65　ツイッターにおいて特定のアカウントを「ブロック」すると、ブロックしたアカウントから自らの「つぶやき」を閲覧されることはなく、メッセージも受けとることがなくなる。関係が文字どおり遮断されるのであり、相手のアカウントからのいかなるはたらきかけも意識されることはなくなる。

＊66　ただし、これは当該のアカウントが完全に匿名性を保つことができている場合である。炎上が起こった場合には、しばしば当該のアカウントの過去のツイートを手がかりに、個人が特定されることが少なくない。その場合、現実社会における個人の所属先に、不特定多数のユーザーから苦情が入り、その個人の現実社会における生活に多大な損害が生じる。

＊67　もっとも、身体性の欠如ないしは衰退は「居場所」という文脈に限った話ではない。

斎藤（2013）は、リアリティの発生源であった身体固有の重層性がメディアの重層性に置き換えられることにより身体性の衰弱が生じてきていると述べている。また、立木（2013）は「現代のメディアが肥大化すればするほど、私たちの身体はその傍らで置き去りにされてゆくように見える。電子メディアが膨大なコンテンツを蓄積し続ける陰で、私たちの身体のコンテンツは痩せ細りつつある」と述べている。なお、立木（2013）がここで言う「身体のコンテンツ」とは、ドゥジュール（Dejour, Ch.）の議論を受けたリビドー化された身体、すなわち生物的身体に対置されるエロース的身体を指している。

＊68　もちろん、ミクシィやフェイスブックといった、匿名性の希薄なSNSにおいては、幾分事情は異なる。ただしそれゆえに、そもそも自分の否定的な側面を表現することに慎重になる。こうした実名登録制やそれに準じる形式のSNSは、後に述べるような、現実の他者とのつながりの延長、いわゆる「常時接続」の側面が強い。

＊69　ウィニコットはこの一人でいられる能力を説明する際に、男女が性交の後、（同じ空間にいながら）互いに一人でいることを例に挙げている。このように、その場で、他者がいることを互いに意識しながらも、自分一人の内面や空想に没入できるような側面を描写するものである。

＊70　「いじり」という言葉は定義がなされているわけではないが、「からかい」や「いじめ」と類似している側面がある。「いじり」とは、ある個人の性質を取り上げて、「いじる」ことで、場や集団の中で「笑い」を生じさせるようなコミュニケーションである。「いじり」においては、「笑い」を生じさせるなどして集団内のコミュニケーションを円滑化することに目的がおかれるがゆえに、「いじり」の対象となる本人の性質は些細な特徴から、時には本人が深刻に気にしている特徴にまで、区別なく及ぶ。また、「いじり」の対象となる個人の感情は、コミュニケーションの円滑化という目的が優先されるあまり、考慮されない。それゆえ、いじられる側からすると、しばしばそれは「いじめ」との違いが明瞭でない場合がある。岩宮（2009）は、「『いじる』と『いじめる』とは紙一重である」と述べている。他方、「いじり」と「からかい」、「いじめ」の語とのイメージの違いを検討した吉澤ら（2013）は、「いじり」について、「対象者（いじられ役）と実行者（いじり役）との間に行為や愛情がある」としている。

＊71　「天然」というのは「天然ボケ」という俗語の略である。天然ボケとは、その場や集団において共有されている文脈、いわゆる「空気」からずれた言動を個人がすることによって、集団の中に笑いが生じるような事象を指す。しばしば、その言動をした本人には、笑わせようとする意図はなく、至ってまじめにその言動をしているのであるが、にもかかわらず、それが集団で共有されている空気や文脈からずれてし

まっているがゆえに笑いを生む側面がある。

＊72　他者と「キャラ」が重なる事態は、一つしかない椅子を二人で取り合うような事態である。自分が「居場所」を失わないためには、相手が排除されるしかなく、それは自分が死ぬか相手が死ぬかという鏡像的関係に容易に発展する。

＊73　依存の程度が、クライエントの病理によって異なり、それゆえ失敗に終わる場合があるのは第5章で論じたとおりである。

終　章

＊74　自閉症であるドナ・ウィリアムズ（Williams, D.）の手記には、次のような一節がある。「わたしはあのなつかしい茶箱を開けると、中からレースやボタンや鈴をそっと取り出した。そうして来る日も来る日も、それらを見つめたり、分類したり、また混ぜ合わせたりして、何時間も過ごした。わたしは、本当の自分自身でいられることの自由な解放感に、思いきり浸った。自分はちゃんと自分の体の中にいると、実感することができた。今いる所こそが、自分の家、自分の居場所なのだ」（Williams, 1992/1993）。ここにも表現されているように、ASDを抱えるクライエントにとっても、本当の自分でいられる場所が重要なことは明らかであるが、同時に、この一節には他者が登場しないことにも留意すべきである。

文 献

安齋智子（2003）：「居場所」概念の変遷　発達，24，33-37.

Anzieu, D. (1984): *Le groupe et l'inconscient. L'imaginaire groupal.* Paris: Dunod.　榎本譲（訳）（1999）：集団と無意識――集団の想像界　言叢社

青木紀久代（2011）：インターネット社会と心理臨床　心理臨床の広場，4(1)，12-13.

荒木慎一郎（2002）：世界の不登校問題（5）ドイツ　転換点に立つ就学義務制度　月刊生徒指導，32(10)，64-67.

Bamba, S. & Haight, W. L. (2007): Helping maltreated children to find their Ibasho: Japanese perspectives on supporting the well-being of children in state care. *Children and Youth Services Review*, 29, 405-427.

Benedict, R. (1946): *The Chrysanthemum and the Sword: Patterns of Japanese Culture.*　長谷川松治（訳）（1972）：菊と刀――日本文化の型　社会思想社

Bion, W. R. (1961): *Experiences in Groups.* London: Tavistock Publications.

Bowlby, J. (1988): *A Secure Base: Clinical Applications of Attachment Theory.* London: Routledge.　二木武（監訳）（1993）：母と子のアタッチメント――心の安全基地　医歯薬出版

Broadwin, I. T. (1932): A contribution to the study of truancy. *American Journal of Orthopsychiatry*, 2(3), 253-259.

Decartes, R. (1637): *Discours de la Méthode.*　谷川多佳子（訳）（1997）：方法序説　岩波文庫

土井忠生ら（編）（2001）：時代別国語大辞典　室町時代編五　三省堂

土井隆義（2009）：キャラ化する／される子どもたち――排除型社会における新たな人間像　岩波書店

土井隆義（2014a）：つながりを煽られる子どもたち――ネット依存といじめ問題を考える　岩波書店

土井隆義（2014b）：メディアの変容――若者のケータイ・スマホ文化とキャラ的コミュニケーション　井上俊（編）：全訂新版　現代文化を学ぶ人のために　世界思想社　pp.98-113.

土居健郎（1971）：「甘え」の構造　弘文堂

土居健郎（1985）：表と裏　弘文堂

土居健郎（1994）：日常語の精神医学　医学書院

土居健郎（2000）：「甘え」理論の展開　土居健郎選集2　岩波書店

Erikson, E. H. (1959): *Identity and the Life Cycle.* New York: International Universities Press. 西平直・中島由恵（訳）（2011）：アイデンティティとライフサイクル　誠信書房

Flick, U. (1995): *Qualitative Forschung. Theorie, Methoden, Anwendung in Psychologie and Sozialwissenschaften.* Reinbek bei Hamburg: Rowohlt.　小田博志・山本則子・春日常・宮地尚子（訳）（2002）：質的研究入門——〈人間の科学〉のための方法論　春秋社

Freud, S. (1921): Massenpsychologie und Ich-Analyse.　藤野寛（訳）（2006）：集団心理学と自我分析　須藤訓任・藤野寛（訳）：フロイト全集17　岩波書店　pp.127-226.

Freud, S. (1923): *Das Ich und das Es.* Wien und Zürich: Internationaler Psychoanalytischer Verlag.　中山元（訳）（1996）：自我とエス　竹田青嗣（編）、中山元（訳）：自我論集　ちくま学芸文庫　pp.201-272.

藤竹暁（2000）：居場所を考える　藤竹暁（編）：現代のエスプリ別冊　現代人の居場所　至文堂　pp.47-57.

藤原靖浩（2010）：居場所の定義についての研究　教育学論究，2，169-177.

藤山直樹（2011）：精神分析という語らい　岩崎学術出版社

Glaser, B. G. & Strauss, A. L. (1967): *The Discovery of Grounded Theory: Strategies for Qualitative Research.* New York: Aldine De Gruyter.　後藤隆・大出春江・水野節夫（訳）（1996）：データ対話型理論の発見——調査からいかに理論をうみだすか　新曜社

後藤明梨・伊田勝憲（2013）：大学生における過剰適応と居場所感の関連　釧路論集：北海道教育大学釧路分校研究報告，45，9-16.

Habermas, J. (1978): Umgangssprache, Wissenschaftssprache, Bildungssprache. *Merkur*, 32, 327-342.　吉村博次（訳）（1982）：日常語・学術語・教養語　同志社外国文学研究，33-34，139-157.

萩原建次郎（2001）：子ども・若者の居場所の条件　田中治彦（編著）：子ども・若者の居場所の構想——「教育」から「関わりの場」へ　学陽書房　pp.51-65.

萩原建次郎（2011）：子ども・若者の居場所　高橋勝（編著）：子ども・若者の自己形成空間——教育人間学の視線から　東信堂　pp.40-77.

濱野清志（2008）：覚醒する心体——こころの自然／からだの自然　新曜社

花嶋裕久（2011）：ひきこもりの若者の居場所と就労に関する研究——居場所から社会に出るまでのプロセス　心理臨床学研究，29(5)，610-621.

花嶋裕久（2013）：ひきこもりの若者が就労して居場所を離れるプロセス　心理臨床学研究，31(4)，529-540.

原田克巳・滝脇裕哉（2014）：居場所概念の再構成と居場所感尺度の作成　金沢大学人間社

会学域学校教育学類紀要，6，119-134.
橋元慶男（2005）：韓国の不登校の課題と対応――グループアプローチを介して　アジア文化研究，12，118-132.
橋元慶男（2009）：韓国の代案教育を選択する青少年の現状と課題　アジア文化研究，16(16)，25-39.
橋元慶男（2012）：韓国の代案教育の歩みと今後の課題――日本の代案教育との交流を通して　岐阜聖徳学園大学紀要　教育学部編，51，71-81.
Hayman, S. (2012): The school as a holding environment. *Journal of Infant, Child, and Adolescent Psychotherapy*, 11(3), 205-216.
Herleman, H. A., Britt, T. W., & Hashima, P. Y. (2008): Ibasho and the adjustment, satisfaction, and well-being of expatriate spouses. *International Journal of Intercultural Relations*, 32(3), 282-299.
東宏行（1999）：「居場所」づくりに内在する論理の錯綜――「居場所」という呪文に消去される「関係」　子どもの文化，31(6)，40-49.
廣井いずみ（2000）：「居場所」という視点からの非行事例理解　心理臨床学研究，18(2)，129-138.
本間友巳（2001）：事例から見た適応指導教室の分析　京都教育大学教育実践研究紀要，1，33-43.
本間友巳（2006）：居場所とは何か――不登校・ひきこもり支援への視座　忠井俊明・本間友巳（編）：不登校・ひきこもりと居場所　ミネルヴァ書房　pp.2-25.
保坂亨（2001）：不登校をめぐる歴史・現状・課題　教育心理学年報，41，157-169.
市川浩（1992）：精神としての身体　講談社学術文庫
飯田沙依亜・甲村和三・舟橋厚・長谷川桜子・竹澤大史・幡垣加恵（2011）：大学生の居場所に関する研究――居場所のなさに着目して　愛知工業大学研究報告，46，49-55.
石川良子（2004）：〈ひきこもり〉における「居場所」の二義性　アディクションと家族，20(4)，377-387.
石本雄真（2009）：居場所概念の普及およびその研究と課題　神戸大学大学院人間発達環境学研究科研究紀要，3(1)，93-100.
石本雄真（2010）：こころの居場所としての個人的居場所と社会的居場所――精神的健康および本来感、自己有用感との関連から　カウンセリング研究，43(1)，72-78.
石本雄真・倉澤知子（2009）：心の居場所と大学生のアパシー傾向との関連　神戸大学大学院人間発達環境学研究科研究紀要，2(2)，11-16.
伊藤美奈子（2009）：不登校――その心もようと支援の実際　金子書房

伊藤良子（2003）：心理臨床の研究――普遍性といかに出会うか　臨床心理事例研究　京都大学大学院教育学研究科心理教育相談室紀要，30，26-28.

伊藤良子（2009）：心身論再考――心と身体・遺伝と環境・偶然と必然　伊藤良子・大山泰宏・角野善宏（編）：京大心理臨床シリーズ8　身体の病と心理臨床――遺伝子の次元から考える　創元社　pp.11-20.

岩井律子（2014）：大学キャンパスにおける大学生の主観的居場所体験と後期青年期人格発達の検討――物理的環境との関連から　教育研究，56，89-99.

岩宮恵子（2009）：フツーの子の思春期――心理療法の現場から　岩波書店

岩宮恵子（2013）：臨床現場から見る「ひきこもり」　河合俊雄・内田由紀子（編）：「ひきこもり」考　創元社　pp.131-157.

Johnson, A. M., Falstein, E. L., Szurek, S. A., & Svendsen, M. (1941): School phobia. *American Journal of Orthopsychiatry*, 11, 702-708.

Kalff, D. M. (1966): *Sandspiel: Seine therapeutische Wirkung auf die Psyche.* Zürich und Stuttgart: Rascher Verlag.　河合隼雄（監修）、大原貢・山中康裕（共訳）（1972）：カルフ箱庭療法　誠信書房

紙野桂人・加納誠恵（1976）：座席・待ち空間の選択傾向についての二三の研究――居場所の心理的安定性　日本建築学会近畿支部研究報告集　計画系，16，149-152.

笠原嘉（1993）：対人恐怖　加藤正明・笠原嘉・小此木啓吾・保崎秀夫・宮本忠雄（編）：新版　精神医学事典　弘文堂　p.515.

河合隼雄（1976）：母性社会 日本の病理　中央公論社

河合隼雄（1992）：心理療法序説　岩波書店

河合隼雄（1999）：いじめと不登校　潮出版社

河合隼雄（2001）：総論――心理療法場面における個性　河合隼雄（総編集）：心理療法と個性　講座　心理療法5　岩波書店　pp.1-22.

河合隼雄（2002）：日本人と日本社会のゆくえ　岩波書店

河合俊雄（2010）：対人恐怖から発達障害まで――主体確立をめぐって　河合俊雄（編著）：発達障害への心理療法的アプローチ　創元社　pp.133-154.

河合俊雄（2013a）：日本における若者の病理の変化――ひきこもりと行動化　河合俊雄・内田由紀子（編）：「ひきこもり」考　創元社　pp.108-130.

河合俊雄（2013b）：家族関係の希薄化と密着化　河合俊雄・田中康裕（編）：大人の発達障害の見立てと心理療法　創元社　pp.186-193.

木立明甫・長根昌代・大川佳代子・関川悠子・今莉奈・松田侑子（2014）：大学生における自閉傾向と精神的健康の関連――居場所の心理機能を考慮して　弘前大学大学院教育

学研究科心理臨床相談室紀要，11，16-27.
木村敏（1972）：人と人との間――精神病理学的日本論　弘文堂
木村敏（1983）：自分ということ　第三文明社
木村敏（1994）：居場所について　磯崎新・浅田彰（編）：Anywhere――空間の諸問題　NTT出版　pp.36-45.
木村敏（2005）：関係としての自己　みすず書房
金龍哲（2002）：世界の不登校問題（3）中国　中国における義務教育制度と不登校対策　月刊生徒指導，32(8)，65-69.
木下康仁（1999）：グラウンデッド・セオリー・アプローチ――質的実証研究の再生　弘文堂
木下康仁（2003）：グラウンデッド・セオリー・アプローチの実践――質的研究への誘い　弘文堂
北岡美世香（2011）：精神科デイケアと心理臨床面接の併用に関する実践的研究　京都大学大学院教育学研究科紀要，57，295-308.
北山修（1993）：日本語臨床の深層　第3巻　自分と居場所　岩崎学術出版社
北山修（2003）：自分の居場所――精神分析理論と臨床　住田正樹・南博文（編）：子どもたちの「居場所」と対人的世界の現在　九州大学出版会　pp.21-38.
北山修（2004）：改訂　錯覚と脱錯覚――ウィニコットの臨床感覚　岩崎学術出版社
北山忍（1994）：文化的自己観と心理的プロセス　社会心理学研究，10(3)，153-167.
北山忍・唐澤真弓（1995）：自己――文化心理学的視座　実験社会心理学研究，35(2)，133-163.
近藤喬一（1985）：社会・文化的視点からみた対人恐怖症――日本文化と対人恐怖症　高橋徹（編集企画）：対人恐怖症　精神科MOOK　No.12　金原出版　pp.89-97.
桑原知子（1994）：もう一人の私　創元社
Lacan, J. (1949): Le stade du miroir comme formateur de la fonction du Je telle qu'elle nous est révélée dans l'expérience psychanalytique.　宮本忠雄（訳）（1972）：〈わたし〉の機能を形成するものとしての鏡像段階――精神分析の経験がわれわれに示すもの　宮本忠雄・竹内迪也・高橋徹・佐々木孝次（共訳）：エクリI　弘文堂　pp.123-134.
丸山圭三郎（1981）：ソシュールの思想　岩波書店
松木邦裕（2000）：精神病というこころ――どのようにして起こりいかに対応するか　新曜社
松木邦裕（2005）：私説　対象関係論的心理療法入門――精神分析アプローチのすすめ　金剛出版

松木邦裕（2010）：生きることと現代社会　京都大学大学院教育学研究科附属臨床教育実践研究センター紀要，14，1-2.

松木邦裕（2011）：不在論――根源的苦痛の精神分析　創元社

松木太郎（2013）：青年の心理的居場所感が攻撃行動に及ぼす影響　神戸大学発達・臨床心理学研究，12，13-17.

松下幸治（2001）：「物理的隔壁」の臨床的活用　心理臨床学研究，19(3)，220-230.

光元麻世・岡本祐子（2010）：青年期における心理的居場所に関する研究――心理社会的発達の視点から　広島大学心理学研究，10，229-243.

溝上慎一（1999）：自己の基礎理論――実証的心理学のパラダイム　金子書房

溝上慎一（2008）：自己形成の心理学――他者の森をかけ抜けて自己になる　世界思想社

水野博介（2014）：ポストモダンのメディア論――過渡期のハイブリッド・メディアと文化　学文社

文部科学省（2015）：平成27年度学校基本調査（確定値）について　http://www.mext.go.jp/component/b_menu/other/__icsFiles/afieldfile/2015/12/25/1365622_1_1_1.pdf（2016年1月4日取得）

文部省（1992）：登校拒否（不登校）問題について――児童生徒の「心の居場所」づくりを目指して（学校不適応対策調査研究協力者会議報告）　教育委員会会報，44，25-29.

村瀬嘉代子・重松正典・平田昌子・高堂なおみ・青山直英・小林敦子・伊藤直文（2000）：居場所を見失った思春期・青年期の人びとへの統合的アプローチ――通所型中間施設のもつ治療・成長促進的要因　心理臨床学研究，18(3)，221-232.

妙木浩之（2003）：「心の居場所」の見つけ方――面接室で精神療法家がおこなうこと　講談社

妙木浩之（2010）：初回面接入門――心理力動フォーミュレーション　岩崎学術出版社

鍋田恭孝（1997）：対人恐怖・醜形恐怖――「他者を恐れ・自らを嫌悪する病い」の心理と病理　金剛出版

中原睦美（2002）：受診が著しく遅延した重症局所進行乳癌患者の心理社会的背景の検討――依存のあり方と居場所感をめぐって　心理臨床学研究，20(1)，52-63.

中原睦美（2003）：病体と居場所感――脳卒中・がんを抱える人を中心に　創元社

中島喜代子・廣出円・小長井明美（2007）：「居場所」概念の検討　三重大学教育学部研究紀要，58，77-97.

中村泰子（1999）：「居場所がある」と「居場所がない」との比較――○△□法の基礎研究として　児童・家族相談所紀要，16，13-22.

中村雄二郎（1989）：場所（トポス）　弘文堂

中村雄二郎（2001）：西田幾多郎Ⅱ　岩波書店
中村幸彦・岡見正雄・阪倉篤義（編）（1994）：角川古語大辞典　第四巻　角川書店
中村幸彦・岡見正雄・阪倉篤義（編）（1999）：角川古語大辞典　第五巻　角川書店
西村喜文（2000）：重症心身障害者へのコラージュ療法の試み――コラージュ療法の意義について　心理臨床学研究，18(5)，476-486.
則定百合子（2006a）：思春期における「こころの居場所」に関する研究　神戸大学発達科学部研究紀要，13(2)，105-115.
則定百合子（2006b）：思春期の心理的居場所感と抑うつ傾向との関連　神戸大学発達科学部研究紀要，14(1)，9-13.
則定百合子（2008）：青年期における心理的居場所感の発達的変化　カウンセリング研究，41(1)，64-72.
小川豊昭・笠原嘉（1986）：構造としての対人恐怖パラノイア　高橋俊彦（編）：分裂病の精神病理15　東京大学出版会　pp.257-284.
小川幸男（2005）：SCによる不登校の臨床――居場所とネットワーキング　臨床心理学，5(1)，22-26.
岡田光夫（1998）：居場所がないと訴える中年男性との精神療法――幻のAt Homeを求めて　精神分析研究，42(5)，602-607.
岡野憲一郎（1998）：恥と自己愛の精神分析――対人恐怖から差別論まで　岩崎学術出版社
岡野憲一郎（2009）：日本語における罪悪感の表現について　北山修・山下達久（編）：罪の日本語臨床　創元社　pp.39-53.
岡野憲一郎（2014）：恥と「自己愛トラウマ」――あいまいな加害者が生む病理　岩崎学術出版社
大久保智生・青柳肇（2000）：心理的居場所に関する研究（2）――居場所感尺度作成の試み　日本教育心理学会総会発表論文集，42，161.
奥地圭子（1991）：東京シューレ物語――学校の外で生きる子どもたち　教育史料出版会
小野田瑠璃・吉岡和子（2014）：家庭における居場所感が思春期の子どもに与える影響――自己肯定感と友人に対する「甘え」との関係に注目して　福岡県立大学心理臨床研究，6，75-84.
大沢いずみ（1995）：不登校児の居場所活動とソーシャルサポートネットワーク――セルフヘルプグループへの発展的意義　日本女子大学大学院文学研究科紀要，1，79-93.
御旅屋達（2009）：新聞記事における「居場所」言説の変遷――「居場所がない」ことの意味1980年代～90年代までを中心に　日本教育社会学会大会発表要旨集録，61，263-264.

御旅屋達（2012）：子ども・若者をめぐる社会問題としての「居場所のなさ」――新聞記事における「居場所」言説の分析から　年報社会学論集，25，13-24.
大槻文彦（1982）：新編大言海　富山房
大月隆（1896）：実業の宝　文学同志会
大山泰宏（2009a）：新版　人格心理学　放送大学教育振興会
大山泰宏（2009b）：心理臨床関係における新たな身体論へ　伊藤良子・大山泰宏・角野善宏（編）：京大心理臨床シリーズ9　心理臨床関係における身体　創元社　pp.13-20.
小沢一仁（2000）：自己理解・アイデンティティ・居場所　東京工芸大学工学部紀要　人文・社会編，23(2)，94-106.
小沢一仁（2002）：居場所とアイデンティティを現象学的アプローチによって捉える試み　東京工芸大学工学部紀要　人文・社会編，25(2)，30-40.
小沢一仁（2003）：居場所を得ることから自らのアイデンティティをもつこと　東京工芸大学工学部紀要　人文・社会編，26(2)，64-75.
Relph, E. (1976): *Place and Placelessness*. London: Pion.　高野岳彦・阿部隆・石山美也子（訳）（1991）：場所の現象学――没場所性を越えて　筑摩書房
齋藤久美子（1995）：臨床空間における身体性　臨床心理事例研究　京都大学大学院教育学研究科心理教育相談室紀要，22，10-12.
齊藤卓弥・西松能子・南和行・大久保善朗（2009）：アメリカにおける精神科と他の職種との連携――不登校へのチーム・アプローチの紹介　臨床精神医学，38(9)，1287-1295.
斎藤環（2003）：ひきこもり文化論　紀伊國屋書店
斎藤環（2011）：キャラクター精神分析――マンガ・文学・日本人　筑摩書房双書Zero
斎藤環（2013）：承認をめぐる病　日本評論社
三本松政之（2000）：高齢者と居場所――新しい福祉のあり方　藤竹暁（編）：現代のエスプリ別冊　現代人の居場所　至文堂　pp.193-203.
佐々木英和（2001）：ケータイ・インターネット時代の自己実現観　田中治彦（編著）：子ども・若者の居場所の構想　学陽書房　pp.84-105.
佐々木亮平（2011）：東日本大震災支援レポート　心のケアとなる居場所づくりをめざして――復興へ向かう陸前高田市のいま（第8報）　月刊地域保健，42(12)，54-61.
笹倉尚子（2011）：インターネットを介した自己表現　心理臨床の広場，4(1)，14-15.
澤瀉久孝（編修代表）（1967）：時代別国語大辞典　上代編　三省堂
芹沢俊介（2000）：居場所について　藤竹暁（編）：現代のエスプリ別冊　現代人の居場所　至文堂　pp.35-46.
柴田秀幸・内海淳・若狭智子・澤井ちはや・牧野真悟（2011）：青年期・成人期における発

達障害者の「居場所」支援に関する検討　秋田大学教育文化学部研究紀要，66，19-24.
清水寛子（2012）：中学生の「居場所のなさ」に関する研究　佛教大学大学院紀要　教育学研究科篇，40，71-88.
総務省（2015）：情報通信白書 平成27年度版http://www.soumu.go.jp/johotsusintokei/whitepaper/h27.html（2016年9月1日）
杉本希映（2010）：中学生の「居場所環境」と精神的健康との関連の検討　湘北紀要，31，49-62.
杉本希映・庄司一子（2006a）：大学生の「居場所環境」と自我同一性との関連——現在と過去の「居場所環境」に対する認知との比較を中心として　筑波教育学研究，4，83-101.
杉本希映・庄司一子（2006b）：「居場所」の心理的機能の構造とその発達的変化　教育心理学研究，54，289-299.
杉本希映・庄司一子（2007）：子どもの「居場所」研究の動向と課題　カウンセリング研究，40(1)，81-91.
住田正樹（2003）：子どもたちの「居場所」と対人的世界　住田正樹・南博文（編）：子どもたちの「居場所」と対人的世界の現在　九州大学出版会　pp.3-17.
鈴木信子（2005）：夢を語り続ける女性との面接　心理臨床学研究，23(2)，233-243.
高木綾（2002）：青年期における異なる自己像とその関係性イメージについて——いわゆる「本当の自分」と「借り物の自分」の視点から　心理臨床学研究，20(5)，488-500.
高木綾（2006）：青年期における異なる自己像の関係性イメージについて——箱庭と円を用いた描画法を通して　心理臨床学研究，24(4)，408-418.
高木綾（2008）：「自分と思えないもの」との関わりについての一考察——心理臨床的な視点を踏まえて　京都大学大学院教育学研究科紀要，54，478-489.
高橋晶子・米川勉（2008）：青年期における「居場所」の研究　福岡女学院大学大学院紀要：臨床心理学，5，57-66.
鷹野つぎ（1942）：女性の首途　古今書院
Taketomo, Y. (1986): AMAE as metalanguage: A critique of Doi's theory of amae. *Journal of American Academy of Psychoanalysis*, 14, 525-544.
田村絹代（1996）：居場所を求めて転々とした後、母親と同一の所属を選択した同一性拡散の症例——その病理と治療関係について　精神分析研究，40(3)，228-233.
田中治彦（2001）：関わりの場としての「居場所」の構想　田中治彦（編著）：子ども・若者の居場所の構想　学陽書房　pp.8-12.
田中禮子（2010）：社会的養護の退所者が居場所に求めているもの　吉備国際大学研究紀要（社会福祉学部），20，87-97.

田中康裕（2010）：発達障害と現代の心理療法――「自己の無効化」による「治療でない治療」としての自己展開　河合俊雄（編著）：発達障害への心理療法的アプローチ　創元社　pp.180-203.

田中康裕（2013）：現代におけるユビキタスな自己意識――サイコロジカル・インフラの消失と発達障害　河合俊雄・田中康裕（編）：大人の発達障害の見立てと心理療法　創元社　pp.202-217.

谷冬彦（2001）：青年期における同一性感覚の構造――多次元自我同一性尺度（MEIS）の作成　教育心理学研究，49(3)，265-273.

徳田仁子（2004）：スクールカウンセリングを通して生活環境を整える――不登校生徒の「居場所」さがし　臨床心理学，4(2)，213-217.

富永幹人・北山修（2003）：青年期と「居場所」　住田正樹・南博文（編）：子どもたちの「居場所」と対人的世界の現在　九州大学出版会　pp.381-400.

豊田弘司（2009）：孤独感に及ぼす居場所（「安心できる人」）の効果――評定尺度による検討　教育実践総合センター研究紀要，18，39-43.

立木康介（2013）：露出せよ、と現代文明は言う――「心の闇」の喪失と精神分析　河出書房新社

堤雅雄（2002）：「居場所」感覚と青年期の同一性の混乱　島根大学教育学部紀要　人文・社会科学，36，1-7.

Tuan, Y. (1982): *Segmented Worlds and Self: Group Life and Individual Consciousness.* Minneapolis: University of Minnesota Press.　阿部一（訳）（1993）：個人空間の誕生――食卓・家屋・劇場・世界　せりか書房

内田由紀子（2013）：ひきこもりと日本社会のこころ　河合俊雄・内田由紀子（編）：「ひきこもり」考　創元社　pp.44-70.

内海健（2012）：さまよえる自己――ポストモダンの精神病理　筑摩書房

内海健（2015）：自閉症スペクトラムの精神病理――星をつぐ人たちのために　医学書院

渡邉隆信・石田千織（2005）：ドイツにおける不登校への対応――「生活の学校」を中心に　兵庫教育大学研究紀要，27，1-14.

渡辺弥生・小高佐友里（2006）：高校生における「居場所」としての学校の認知について　法政大学文学部紀要，53，1-15.

Williams, D. (1992): *Nobody Nowhere.* New York: Doubleday.　河野万里子（訳）（1993）：自閉症だったわたしへ　新潮社

Winnicott, D. W. (1965): *The Maturational Processes and the Facilitating Environment: Studies in the Theory of Emotional Development.* London: The Hogarth Press.　牛島定信（訳）

（1977）：情緒発達の精神分析理論――自我の芽ばえと母なるもの　岩崎学術出版社
Winnicott, D. W. (1971): *Playing and Reality*. London: Tavistock Publications.　橋本雅雄（訳）（1979）：遊ぶことと現実　岩崎学術出版社
Winnicott, D. W. (1984): *Deprivation and Delinquency*. London: Tavistock Publications.　西村良二（監訳）（2005）：愛情剥奪と非行　ウィニコット著作集2　岩崎学術出版社
Winnicott, D. W. (1987): *Babies and Their Mothers*. Reading, MA: Addison-Wesley.　成田善弘・根本真弓（訳）（1993）：赤ん坊と母親　ウィニコット著作集1　岩崎学術出版社
八木義徳（1978）：男の居場所　北海道新聞社
矢幡久美子（2003）：コラージュのなかの文字表現――居場所探しのテーマ　心理臨床学研究，21(5)，450-461.
山田均（2011）：特集にあたって　臨床心理学，11(3)，319-323.
山中康裕（1978）：思春期内閉 Juvenile Seclusion――治療実践よりみた内閉神経症（いわゆる学校恐怖症）の精神病理　中井久夫・山中康裕（編）：思春期の精神病理と治療　岩崎学術出版社　pp.17-62.
山中康裕（2001）：たましいの窓　山中康裕著作集1　岩崎学術出版社
矢野裕俊（2002）：世界の不登校問題（8）アメリカ　不登校への対策を視野に入れた教育改革へ　月刊生徒指導，32(13)，64-67.
吉川満典・粟村昭子（2014）：大学生におけるアイデンティティの確立について――心理的居場所との関係性から　総合福祉科学研究，4，35-41.
吉澤英里・瀧澤純・望月正哉・澤海崇文（2013）：いじり・からかい・いじめの差異について――自由記述データの分析に基づく考察　日本教育心理学会総会発表論文集，55，178.
翟宇華（2006）：中国都市部中学生の学校忌避感を抑制する要因に関する研究　教育心理学研究，54(2)，233-242.

索　引

[タ行]

[ナ行]

あとがき

本書は、私が京都大学大学院教育学研究科に提出した博士学位論文がもとになっています。

「居場所」のテーマにつながる研究は、卒業論文から始まっています。その当時、私が個人的経験から関心をもっていた現象を理解し解き明かそうとする中で、「居場所」のテーマと出会ったというのが実情です。

「居場所」は、研究テーマとしては、どちらかといえば厄介なものだろうと思います。定義が難しく、また比較的新しいテーマであるにもかかわらず、学際的でもあって、多領域にわたり、すでに非常に多くの先行研究があります。「居場所」のタームで語られる現象も、きわめて多様です。何からどう手をつければよいか困惑したのが正直なところですが、「居場所」という言葉がメタファーとして機能するような個人的体験があったことが、一応の羅針盤になったように思います。

その後、大学院で心理臨床の実践に携わるようになり、この「居場所」というテーマが、臨床実践においても重要であることが分かってきました。お会いしているクライエントの、決して少なくない方々が、「居場所」のテーマを語ります。また、明確に表現されなくとも、クライエントの語りを聴いている私の心に、「居場所」という言葉が浮かんでくることもあります。そうした面接の中でテーマとなる「居場所」をどのように理解すれば、そのクライエントとの臨床に資することができるかという実践的な要請が、この厄介な「居場所」の研究を続ける原動力になったと思います。

「居場所」とはいかなるものかを明言することは、本書を書き終えた今なお容易ではありません。一つ言えることは、「居場所」は人にとってなくてはならぬものだろうということです。ただ、臨床の実践においては「居場所」があればすべてが解決するわけでもないのも事実です。「居場所」が生まれ、そこからようやく自らの心にしっかりと向き合えるようになる場合もあります。一方で、「居場所」ができるまでの過程こそが、本人にとってきわめて重要な心の作業である場合もあります。こうした「居場所」は、しかしいずれは失われたり、形を変えたりするものでもあります。

日常語である「居場所」の意味は、社会のコンテクストの中で捉えねばならないものでもあり、また歴史的に変化しうるものでもあります。そして、少なくとも現在においては、我々の心の次元のことを表すメタファーとして機能しています。この移ろいやすく多義的で捉えがたい「居場所」は、そのため、常に個々のクライエントとの固有の臨床の中で、そのクライエントにとっての意味を探り、面接の関係性における意味を理解していかなければならないものです。本書が、そのような臨床実践の一助となれば幸いです。

もっとも、私の力量不足の問題はいかんともしがたく、本書を通してどれほどの成果をあげることができたのか心許ないのが正直なところです。結局は臨床実践に資する手前で終わっているかもしれません。またその内容に関しても、先達の議論をたどりなおしただけかもしれませんし、私の不理解ゆえに十分に詰めることができなかったと感じている箇所もあります。内容に関しては忌憚なきご意見やご批判をいただければ幸いですが、ともあれ、何らかの形で心理臨床の実践や「居場所」の研究に寄与できれば、これに勝る喜びはありません。

本書を執筆するにあたり、多くの方々にお世話になりました。ここにすべての方々のお名前を挙げることはかないませんが、それぞれの方に、深く感謝いたします。

本書は何よりも、臨床実践の中で歩みを共にさせていただいたクライエントの方々とのかかわりに支えられています。ここに心より感謝いたします。また、本書の調査にご協力いただいた方々に、厚く御礼申し上げます。

博士論文の主査である京都大学大学院教育学研究科教授の桑原知子先生に感謝いたします。桑原先生には私が学部在籍時からご指導いただき、数えきれぬほどのご助言と励ましをいただきました。歩みが遅く不確かな私に対し、先生は私の主体性を大切にしてくださりながら、辛抱強く付き添ってくださいました。この研究が曲がりなりにもこうして形となったのは、先生に歩みの定点となっていただいたからにほかなりません。

博士論文の副査である京都大学名誉教授の松木邦裕先生に感謝いたします。松木先生には論文執筆に際し、温かい励ましの言葉をいただきました。また、先生は何よりも、臨床家としてのあるべき姿を提示してくださいました。院生の時分はもとより、その後も先生とご一緒に働く機会を得てご指導を賜ったことは、私にとって大変幸せなことでした。

同じく副査を引き受けていただいた京都大学大学院教育学研究科教授の岡野憲一郎先生に感謝いたします。先生には大変ご多忙の中、論文の草稿をお読みいただき、貴重なご助言をいただきました。それは論文の内容に留まらず今後の研究への視野を開くものであり、いただいたご助言は今後も一つひとつ考えていきたいと思っています。

京都大学名誉教授の伊藤良子先生には卒業論文と修士論文の主査としてご指導いただきました。研究生活のはじまりにおいて厳しくも温かい伊藤先生の指導を受けられたことは、今も私の心の支えとなっています。ここに深謝いたします。

臨床と研究の歩みをともにした友人諸氏に感謝します。人との交流を積極的にもつことが得意でない私にとって、仲間は貴重な居場所となってくれただけでなく、仲間の臨床と研究への姿勢には、常に刺激を受け、励まされました。

創元社の小林晃子氏には、本書を出版するにあたり大変お世話になりました。執筆に際しては様々なご迷惑をおかけしましたが、寛容に付き添ってくださったことに感謝しています。学友でもある小林さんとこうした機会に恵まれたことは、私にとって喜びでした。

最後に、個人的なことになりますが、私が研究を行うにあたり、環境を整え抱えてくれた家族に心より感謝します。特に、博士論文執筆中に世を去った父に、感謝とともに本書を捧げます。

2016年12月

中藤信哉

（なお、本書は京都大学総長裁量経費・若手研究者出版助成事業の支援を受け出版されました。ここに厚く御礼申し上げます。）

初出一覧

本書は、以下の論文をもとにしたものである。
なお、本書に収録するにあたり、それぞれに大幅な加筆・修正を行った。

中藤信哉（2011）：青年期における居場所についての研究　京都大学大学院教育学研究科紀要，57，153-165.
（第4章）

中藤信哉（2012）：「居場所のなさ」についての研究　京都大学大学院教育学研究科紀要，58，209-220.
（第3章）

中藤信哉（2013）：心理臨床における「居場所」概念　京都大学大学院教育学研究科紀要，59，361-373.
（第1章、第5章）

中藤信哉（2013）：集団における居心地の悪さ――青年期における居場所の視点から　心理臨床学研究，31(4)，618-628.
（第3章）

中藤信哉（2014）：居場所の多義性に関する一考察　京都大学学生総合支援センター紀要，43，51-55.
（第1章、第6章）

中藤信哉（2014）：心理療法における居場所という視点　皆藤章・松下姫歌（編）（2014）：心理療法における「私」との出会い――心理療法・表現療法の本質を問い直す　創元社　pp.67-73.
（第5章）

中藤信哉（2015）：「居場所」概念と日本文化の関連について　京都大学大学院教育学研究科紀要，61，1-10.
（第2章）

◆著者紹介

中藤信哉（なかふじ・しんや）

1985年、兵庫県生まれ。京都大学大学院教育学研究科博士後期課程研究指導認定退学。博士（教育学）。臨床心理士・公認心理師。京都大学大学院教育学研究科附属臨床教育実践研究センター特定助教、京都大学学生総合支援センターカウンセリングルーム特定助教を経て、現在、京都ノートルダム女子大学現代人間学部心理学科准教授。専門は臨床心理学、心理療法。論文・著書に「集団における居心地の悪さ――青年期における居場所の視点から」（心理臨床学研究，第31巻4号，2013年）、「心理療法における居場所という視点」（皆藤章・松下姫歌（編）心理療法における「私」との出会い　京大心理臨床シリーズ10，創元社，2014年）など。

心理臨床と「居場所」

2017年3月20日　第1版第1刷発行
2025年5月20日　第1版第3刷発行

著　者　中藤信哉

発行者　矢部敬一

発行所　株式会社 創元社
〈本　　社〉
〒541-0047　大阪市中央区淡路町4-3-6
TEL.06-6231-9010（代）　FAX.06-6233-3111（代）
〈東京支店〉
〒101-0051　東京都千代田区神田神保町1-2 田辺ビル
TEL.03-6811-0662
https://www.sogensha.co.jp/

印刷所　株式会社 太洋社

　ISBN978-4-422-11643-3　C3311
〈検印廃止〉
落丁・乱丁のときはお取り替えいたします。

装丁・本文デザイン　長井究衡